泰山学院学术著作出版基金资助出版

体育类民办非企业单位发展研究

许　宁　著

北京体育大学出版社

策划编辑　王英峰
责任编辑　王英峰　单　颖
责任校对　潘海英
版式设计　博文宏图

图书在版编目（CIP）数据

体育类民办非企业单位发展研究/许宁著. --北京：北京体育大学出版社，2019.10
ISBN 978-7-5644-3250-8

Ⅰ. ①体… Ⅱ. ①许… Ⅲ. ①体育组织-社会团体-发展-研究-中国 Ⅳ. ①G812.1

中国版本图书馆 CIP 数据核字（2019）第 242736 号

体育类民办非企业单位发展研究　　许　宁　著

出版发行：北京体育大学出版社
地　　址：北京市海淀区农大南路 1 号院 2 号楼 4 层办公 B-421
邮　　编：100084
网　　址：http：//cbs.bsu.edu.cn
编 辑 部：010-62989415
发 行 部：010-62989320
邮 购 部：北京体育大学出版社读者服务部 010-62989432
印　　刷：北京建宏印刷有限公司
开　　本：710mm×1000mm　1/16
成品尺寸：240mm×170mm
印　　张：12.75
字　　数：145 千字
版　　次：2019 年 10 月第 1 版
印　　次：2019 年 10 月第 1 次印刷
定　　价：68.00 元

前言

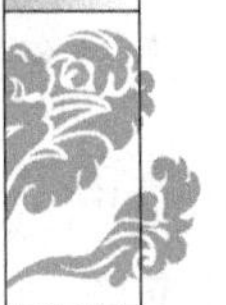

人均GDP超过八千美元（2015年）的中国正快速跨入休闲社会的行列。“有钱有闲”的社会现实，赋予了体育回归其本真功能的动力。社会体育、体育产业、体育文化等与竞技体育一道，共同构成体育强国的核心要义。与此同时，在中国由“总体性社会”向“准总体性社会”过渡的背景下，在经济、政治和文化的改革、变迁过程中，在第三部门不断发展壮大、参与社会治理，社会逐步走向善治的格局里，社会组织逐渐成长起来。

社会组织的发展是社会文明进步的标志之一。体育类民办非企业单位是我国特有的一类体育社会组织，其发展的文化土壤和社会现实与西方国家存在一定的差异。我国的社会组织起步较晚，体育类民办非企业单位的发展落后于中国经济、政治改革的步伐。本书通过纵向梳理体育类民办非企业单位的发展历程和横向探索其与政治、经济、社会的关系，探讨体育类民办非企业单位发展的呈现状态、动力与制约因素、管理方式等，提出发展路径与策略，以期为体育类民办非企业单位的改革与发展做出一定的贡献。

颇为困难的是，本书的研究对象及研究背景均有很大的复杂性与不确定性。中国体育长久以来一直背负了沉重的政治角色与任务。体育体制的改革落后于政治体制改革，更落后于经济改革的步伐。同时，研究对象的社会背景及社会组织的变革亦十分快速。甚至研究对象的名称——民办非企业单位，也在《中华人民共和国慈善法》颁布后发生了变化。本书仅是尝试性地介绍、评介了我国体育类民办非企业单位的发展状况与发展策略。

本书共有十章内容。第一章为绪言，主要介绍有关体育类民办非企业单位这一社会组织的相关研究背景。第二章介绍了体育类民办非企业单位的定义与分类。这一部分是结合国家相关法律法规对组织的名称定义进行解读，阐述了组织定义与分类的实然状态。第三章介绍体育类民办非企业单位的发展背景与进程。主要论述了从改革开放后体育社会组织的复苏期到2013年党的十八届三中全会提出“激发社会组织活力，创新社会组织管理”的各阶段，体育社会组织及体育类民办非企业单位的发展情况。第四章是体育类民办非企业单位的发展概貌。主要涉及组织的数量分布、登记主体类型、业务范围、经营状况、特征与作用等。第五章是三个有一定代表性的体育类民办非企业单位的案例分析。第六章提出了体育类民办非企业单位的运作难题。组织外部、内部、运作过程中的一系列困境以及运作偏失和志愿失灵现象。第七章探讨了体育类民办非企业单位的发展动力与制约因素。从组织的发展进程和组织内外部分析发展动力；从政治、经济、文化、法律和价值观等方面分析制约因素。第八章是体育类民办非企业单位发展的国际参照与行业对比。以美国和日本为国际参照，一个是政治经济最发达的国家，一个是与中国文化大致同源的国家，对其社会组织和体育社会组织的发展做比较研究；国内则是对发展相对较好的教育类民办非企业单位进行对比。在设立一定的参考维度、明确具体比较内容等条件下，梳理出可供借鉴的经验。第九章是《慈善法》背景下体育类民办非企业单位的发展现状及法律规制策略。第十章提出了体育类民办非企业单位的发展路径。对公益性的区分、动态认定等级、体育项目导向的分类和服务定价导向的分类，实现对体育民办非企业单位进行管理。

在本书的写作过程中得到了许多机构和个人的帮助，希望借此机会，向他们表示感谢。感谢泰山学院科研处对本书出版的慷慨资助。感谢北京体育大学科技处在研究过程中提供的资助，使本研究得以顺利进行。感谢北京体育大学黄亚玲教授对本研究的帮助与支持。感谢北京体育大学米靖教授对本书写作与出版过程中的帮助与支持。感谢湖州师范学院俞大伟老师、北京体育大学孙璐老师、首都体育学院汪流老师在研究过程中提供的帮助。在访谈调研过程中，还得到了国家体育总局郭箫老师、望宇老师，北京新时代青少年体质健康促进中心刁铁民主任、贾志勇研究员，山东师范大学体育学院于涛教授，山东大学体育学院孙晋海教授，山东省体育局毕明军主任的帮助，在此一并对他们致以真诚的感谢。

许　宁

2019 年 5 月于泰安

目录

第一章　概　论

20 世纪 80 年代前后，西方国家掀起了一场轰轰烈烈的“全球结社革命”。社会治理的方式发生了巨大变化，出现了政府与社会组织合作治理的趋势。社会组织迅速成长为除政府、市场之外的第三部门，在解决贫困、教育、医疗、环境等社会公益方面，起到了重要的作用。这场结社革命涉及社会生活的方方面面。作为由“总体性社会”向“准总体性社会”过渡的中国，受特定的民族文化背景及经济体制改革、政治体制改革的影响，社会组织及体育社会组织的发展均体现出新的动向。体育，被看成是一场没有硝烟的战争，一个独特的政治斗争的舞台，回归它的真义——亿万民众的健康福祉，并深化成为构筑一国产业结构的重要组成部分。然而，我们对于体育的认识并没有终结，距离理性也还有相当遥远的距离。体育事业在我国社会事业领域中的地位颇为独特。在改革开放前的计划经济体制背景下，无论是竞技体育还是群众体育，均属国家事业。群众体育被普遍认为是社会福利和公共利益。人们对这种公共利益的认识，存在两个方面的误区：①公益等于免费；②公益服

务只能由政府提供。随着我国政治体制改革的深入，受公共治理理论和新公共服务理论的影响，事业单位改革深化，社会组织崛起。在体育领域，出现了一种运作型的，通过向社会提供有偿服务增进体育公益的社会组织——体育类民办非企业单位[①]。体育类民办非企业单位作为一种公益性体育社会组织，在满足人们不断增长的社会体育需求时，起到了重要的作用。

哈贝马斯曾提出国家与社会关系的三元分析框架。国家、经济、社会三大领域合理分工、相互协作、相互补充是社会进步和发展的最佳选择。但在现实社会中，对于不同国家，特别是国家（政府）与社会领域之间的关系都存在很大的差异[②]。福利多元主义（welfare pluralism）要求减少政府在社会福利直接供给中的角色，即主张政府不再是唯一的福利提供者[③]。社会组织参与社会公益的供给，实际上是社会领域里的现代公司治理的逻辑，政府与社会组织之间构成了委托代理关系。政府向社会组织购买公共服务构成了社会组织发展的强大动力。

政府通过强制征税获取公共资源，企业通过生产经营获得市场资源，社会组织通过向社会表达他们致力于社会公益的宗旨和理念来动员

---

① 注：2016 年 9 月 1 日起开始实施的《中华人民共和国慈善法》第八条规定：慈善组织可以采取基金会、社会团体、民办非企业单位等组织形式。该条款意味着“民办非企业单位”的称谓将取代“民办非企业单位”。鉴于《民办非企业单位登记管理条例》一直处于征求意见稿阶段，故本文仍采用“民办非企业单位”一词。

② 黄亚玲．论中国体育社团：国家与社会关系转变下的体育社团改革［D］．北京：北京体育大学，2003.

③ 彭华民，黄叶青．福利多元主义：福利提供从国家到多元部门的转型［J］．南开学报（哲学社会科学版），2006（6）：40－48.

社会资源。在我国的体育社会组织中，最能体现公益性的当属体育类民办非企业单位。它利用自身专业优势、技术优势，针对社会的体育需求，通过经营性运作，向社会提供服务与产品，致力于社会公益。“非营利组织”的概念，一定程度上是出于税收管理的需要而产生的。税收实际上被看作第三次分配。税收是国家为实现公共职能，凭借其政治权力，依法强制、无偿取得财政收入的一种活动或手段，是对财富的再分配①。社会事业领域与市场经济领域有很大的不同。市场提供的物品具有竞争性、排他性的特点，属于私人物品，可通过价格杠杆使各种资源得到最优配置。而科技、教育、文化、卫生、体育等社会事业的发展除了使个人受益外，还体现为较强的正外部性，关系到国家竞争力的提升和社会经济的发展，关系到社会的安定团结和人民生活品质的提高。这类产品与服务不属于纯粹的私人物品，而属于公共物品或具有外部经济效益的准公共物品。在社会事业领域，各国一般都倾向于鼓励民办机构以社会组织的形态存在，并给予私立社会组织机构政策上的优惠和扶持。这种扶持最直接的体现就是给予税收优惠②。

第三部门存在的基础，是由于政府失灵和市场失灵。市场及政府在供给公共服务或准公共服务时的选择性与低效，决定了社会中的某些领域由第三部门管理比较合适。从交易成本的角度可以理解公益组织存在的基础。公益需要职业化，公益的承载主体一定是技术性、专业性很强

① 赵青航．论可税性与民办非企业单位的税收优惠［J］．社团管理研究，2012（10）：44－47.

② 邓国胜．政府与NGO的关系：改革的方向与路径［J］．中国行政管理，2010（4）：32－35.

的，且高效运作的公益组织。整个社会运行的成本，除了一大部分是物质成本投入，其他的都可以归入交易成本，即制度成本。因为信息的不对称、人的相对理性等，以社会组织的形式从事体育公益是最高效的。目前存在的志愿失灵、公益组织腐败、信息不透明等，是现阶段制度转换的交易成本。微观领域的政府购买公共体育服务，实际上也是通过比较合同管理费用和内部管理费用来做出抉择。合同管理费用如果大过内部管理费用，那么这种社会服务就不必通过购买社会组织的服务来进行，而应由政府直接提供。

体育社会组织是我国体育事业发展的重要承载部门。它关系到我国体育事业的和谐发展、人民体育需求的满足和体育产业的提升。在中国强政府、弱社会的背景下，社会组织的观念萌发、成长都是异常艰难的。作为社会事业组成部分的体育，又与其他领域有一定的不同。中国体育与政治的关系，让很多人的“体育就是社会福利”的观念根深蒂固。伴随着单位体育体制解体，我国体育的职业化改革开始，体育的商品属性又将体育纳入私人产品领域。体育强国的要求是竞技体育发展的同时，群众体育也要强大。我国社会已进入休闲时代，人们将更多地体现出精神生活方面的需求。传统观念中，人们将体育看作一种社会福利，由政府全面负责，但在三元社会分化的背景下，这将变得越来越不合时宜。当前我国体育领域的主要矛盾是人民群众日益高涨的体育需求同落后的体育供给之间的矛盾。调查数据显示，我国社会体育指导员的数量、体育场地设施的数量均与发达国家有较大差距。同时，承载群众体育的主体——体育社会组织的发展也较为落后。人们不仅需要体育权利得到保障，同时还需要达到一种组织化的生存状态。需求的满足以组织的功能为导向。体育类民办非企业单位动员广阔空间内的体育社会资源，为热衷体育的人士提供了募捐和志愿中介或平台。提供体育公益服务是体育类民办非企业单位作为一种服务型社会组织的本职工作。体育类民办非企业单位的社会协调与治理功能体现为组织化的群众体育参与对社会负面情绪与压力的消弭，而且在承接政府转移职能的过程中作为社会治理主体促进社会公平正义。市场经济使竞争、价格因素深入人心，当体育类民办非企业单位采用类似于商业组织的某些运作模式，通过向社会提供有明显价格标签的产品和服务时，人们往往易于将其公益性置于一旁而质疑其非营利性。那么，体育类民办非企业单位的组织性质是怎样的，相关的政策如何，起到了什么作用，又该如何发展？

在这场全球性结社革命进行时，我国却在一定程度上缺乏公民社会发展的现实土壤。由于缺乏慈善、捐赠和公益等文化基因，有的学者认为，我国根本没有真正意义上的社会组织。中国的民间组织存在严重的合法性问题，80%以上的民间组织属于非法存在①。从现实来看，我国体育社会组织与西方国家的体育社会组织有很大区别，体育类民办非企业单位是我国独有的民间组织。我国十大民办非企业单位组织中，体育类民办非企业单位又有自己的特点。首先，来自民间旺盛的体育需求与体育类民办非企业单位服务社会的乏力形成鲜明的对比。体育类民办非企业单位的制度供给不足造成了其发展不足，发展不足又导致其关注不足。其次，体育类民办非企业单位发展的外部阻力与内部不规范并存。双重登记管理制度尽管已经破冰，但在现实中还面临着操作层面的困

① 谢海定．中国民间组织的合法性困境［J］．法学研究，2004（2）：17－34.

境。体育类民办非企业单位的内部治理结构不合理与运作的低效是内部层面的主要原因。最后，诱致性变迁的动力巨大与强制性变迁的相对滞后。这在实践中体现为法律对体育类民办非企业单位的规制已严重落后于体育实践。

当前我国的民办非企业单位面临着“自主性强，公共性弱”的问题[①]。民办非企业单位本应该是比社团更具有民间性、自治性的一种社会组织，但在我国的体育类民办非企业单位中，有相当一部分（约6000家）是官方资助发起的青少年体育俱乐部[②]。政府发起的青少年体育俱乐部等，在创办初期享有体彩公益金形式的国家财政支持。从出发点来看，政府公益金投入实际上是关于体彩的一种制度安排，而不是关照体育类民办非企业单位的发展的有效举措。民间创办的体育类民办非企业单位的主要资金来源是发起人，还包括向社会提供服务得到的报酬，以及从政府购买公共服务中所获得的资金。这类体育类民办非企业单位由于与政府的关系不如由政府主办的民办非企业单位密切，且规模相对较小，运作能力低，很少获得承接政府转移职能的机会。因此，这类体育类民办非企业单位发展资金主要依靠向社会提供诸如体育健康知识普及、健身健美指导、运动专项技能提高、群体赛事组织、表演等服务而获取的报酬。这一部分活动有着类似企业的投入与产出过程，收费的“合理性”容易与营利性相联系。过低的收费难以维持体育类民办

① 邓国胜．政府与NGO的关系：改革的方向与路径［J］．中国行政管理，2010（4）：32－35.

② 刘国永，杨桦．中国群众体育发展报告（2014）［M］．北京：社会科学文献出版社，2014.

非企业单位的日常运作，较高的收费会使其“非营利性”受到质疑，社会公信力下降。

体育类民办非企业单位自 1998 年《民办非企业单位登记管理暂行条例》（以下简称《条例》）颁布以来，其法律地位得到确立，经过十多年的发展，数量大为增加，但质量提升较慢，发展遇到了一些瓶颈。2013 年 3 月《国务院机构改革和职能转变方案》明确提出，社会组织可直接向民政部门申请登记，不再需要主管单位审查同意①，这意味着传统的双重管理体制的终结，又一次激发了体育类民办非企业单位发展的活力。但是，登记问题只是限制体育民办非企业单位发展的一个方面，体育类民办非企业单位在发展中还有组织治理、组织运行、组织监督、财产、税务优惠等方面的问题。可以说，官方主导型体育类民办非企业单位在体育彩票公益金撤出后，发展均乏力。民间主导型体育类民办非企业单位从诞生初始，就面临着资金不足、人才缺乏、运行不善、监管失当等问题。

体育类民办非企业单位在人才、技术以及场馆设施等硬件条件上具有优势，从事与组织宗旨相关的业务活动，服务社会的效率较高。作为弥补政府失灵、提供公益性服务的一种回报，政府给其以税收优惠为主要表现形式的利益让渡，是符合实情的。从公益性与营利性来看，公益不等于免费，盈利不等于商业。民办非企业单位不像基金会那样的财团法人，不通过直接向社会发放资金和物品造福民众。体育类民办非企业单位是运作型社会组织，要通过自身的有效经营，通过向社会提供服务

① 马凯．关于国务院机构改革和职能转变方案的说明：2013 年 3 月 10 日在第十二届全国人民代表大会第一次会议上［J］．中国机构改革与管理，2013（4）：10－15.

（并收取相应报酬）来实现公益。尽管性质大致相同，但对于体育类民办非企业单位的研究，不能完全照搬国外社会组织研究的理论和经验，要结合我国民族文化心理（公益、慈善、捐赠缺乏，利他心理薄弱）和我国政治制度改革的走向，提出有利于体育类民办非企业单位发展的理论。从体育社会组织的公益性视角分析，能够准确把握各类体育类民办非企业单位的特点及运作方式，确定体育类民办非企业单位相应的组织性质，完善治理结构、划定经营模式与非营利底线，区分不同公益层次体育类民办非企业单位的税务优惠等问题。

体育类民办非企业单位是我国体育社会组织的一种，具体的形式有青少年体育俱乐部和非营利体育俱乐部、中心、院、社等，分类如图1所示。

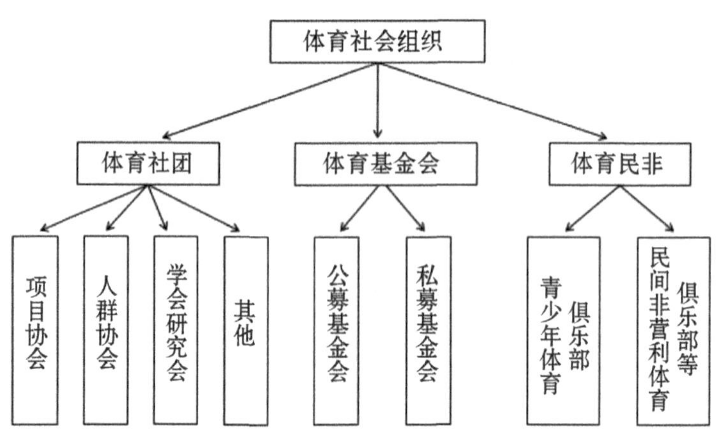

图1　体育社会组织分类

目前关于体育类民办非企业单位的研究方法主要是文献法与实证法相结合。通过采用文献研究及结构型和非结构型访谈法，笔者先后走访了国家体育总局群体司、首都体育学院、北京新时代青少年体质健康促进中心、北京华安联合认证检测中心、山东省体育局产业处、山东大学体育学院、山东师范大学体育学院、山东泰安市体育局、泰安市足协等部门的行政人员和专家学者，了解了我国体育类民办非企业单位的相关政策、发展现状等问题，明确了国家政策的走向及其具体解读，获取了体育类民办非企业单位发展的第一手资料。通过对体育类民办非企业单位发起主体的分类，选定几家有一定代表性的体育类民办非企业单位作为个案研究的对象。个案选择主要从三个维度进行：官方主导型和民间主导型；运营情况较好的和运营情况较差的；公益性较强的和公益性较弱的。通过对这些典型性体育类民办非企业单位的调查，揭示其发展状态，发现其发展中存在的各种问题。本书的个案研究选取了一家中央级体育类民办非企业单位：北京新时代青少年体质健康促进中心；两家民间主导型体育类民办非企业单位：山东黑骏马健身俱乐部和山东凤凰青少年足球俱乐部。我国的社会组织是在体制转轨和社会转型的背景下展开的，与国外的社会组织有区别也有共性，通过与发达国家比较，如美国及与中国具有相似文化体系的日本等国，找出体育类民办非企业单位发展的某些共性的、可供借鉴的内容。此外，体育类民办非企业单位在我国所占的比例仍然较低，教育类民办非企业单位（占民办非企业单位总数的 56.9%，2013 年）经历了广泛的社会实践，法律规章密切跟进，发展相对较好。通过对体育类民办非企业单位和教育民办非企业单位的比较，也能得到很多有益启示。

20 世纪 70 年代中期，在西方各国普遍遭遇经济衰退后，他们开始重新反思政府在福利制度方面的作用。20 世纪 80 年代，西方各国掀起

民营化浪潮，政府不仅从产业与公共服务领域退出，而且在社会福利领域的政策或服务也开始转移到民间，从中央下放到地方，由单一的服务提供方式变成组合式的服务提供方式①。福利多元主义（welfare pluralism）要求减少政府在社会福利直接供给中的角色，即主张政府不再是唯一的福利提供者②。福利多元主义的理论与中国改革开放前“总体性社会”对福利的理解大相径庭。福利多元主义强调福利的供给是由公共部门、营利组织、社会组织、家庭与社区四个部门共同来提供的一个体系，政府由福利的直接生产者，逐渐转变为福利规范者、购买者、物品管理者和仲裁者，并且促使其他部门从事服务供给。福利多元主义还强调社会组织的参与，福利多元主义下的有限政府，应对从福利领域后撤所遗留下的空白，抵挡市场势力的过度膨胀，同时，通过社会组织来达到整合福利服务，促进福利的供给效率，迅速满足福利需求的变化，以及强化民主参与等功能。社会组织参与社会公益的供给，实际上就是社会领域里的现代公司治理的逻辑③，政府与社会组织之间构成了委托代理关系。政府向社会组织购买公共服务构成了社会组织发展的强大动力。福利多元主义有两个核心的内涵：多元化和分散化。

福利多元主义说明了体育类民办非企业单位存在的基础。将体育看作一种社会福利，是长期以来民众对我国体育事业的一种看法。福利只能由政府提供，且只能免费（或极低的收费）是计划经济时代留下的

① 林闽钢. 福利多元主义的兴起及其政策实践［J］. 社会，2002（7）：36－37.

② 彭华民，黄叶青. 福利多元主义：福利提供从国家到多元部门的转型［J］. 南开学报（哲学社会科学版），2006（6）：40－48.

③ 王琴. NGO与中国社会福利构建研究［D］. 武汉：武汉大学，2011.

一种惯性认识。福利一元化的做法已不再适合我国社会主义市场经济体制，也无法满足日益增长并且多样化的体育公益需求。

科斯认为，交易成本就是“利用价格机制的成本”。除了那些与物质生产过程和运输过程直接相关的成本以外，所有可想到的成本都是交易成本①，主要包括搜寻、信息、议价、决策、监督交易（合同管理费用和内部管理费用的比较）。政府从直接生产、提供公共服务到购买社会组织的公共服务提供给民众，就是政府与社会组织达成的一种委托代理关系。与直接提供服务相比，交易成本的下降是很明显的。交易费用包括搜寻、协商签约、监督、维护与执行和保护性成本等方面。交易费用实际上就是所谓的“制度成本”。交易成本可看作是一系列制度成本，它包括信息成本、谈判成本、界定和控制产权的成本、监督成本和制度结构变化的成本。交易成本原指企业（或个人）在寻找与其他企业或个人进行经营活动时，为在价格方面或其他方面达成协议，并确保其条款得以实施所产生的成本。现在它被用来概括生产成本以外的一切直接或者间接的制度运行费用，包括搜寻（产品价格、质量、合作者、代理人、生产要素等）成本、协商谈判（讨价还价）成本、签约成本、监督成本、维护与执行成本、保护性（防止他人侵犯）成本等。所有的组织成本都是交易成本。交易成本产生的主要原因是信息不对称、有限理性、不确定性、机会主义和技术水平等。交易成本是体育社会组织、购买公共体育服务存在的经济学基础。

需要注意的是，成本这一问题不仅适用于市场领域，同样也适用于

① 张五常．交易费用的范式［J］．社会科学战线，1999（1）：1－9.

社会组织领域。无论是政府还是社会组织，也无论是免费提供还是有较低收费的体育服务，均凝结了无差别的人类劳动，都包含着成本，即公益成本。在社会组织领域，很多时候，这种成本是不以价格标示出来的。公益成本有两个层面的含义：第一，组织内部的成本。民办非企业单位服务的成本由体力劳动、智力劳动、情绪劳动等多个方面的因素构成。第三产业的发展越发强调情绪劳动的重要性，甚至有学者认为，情绪劳动是与体力劳动、智力劳动并列的第三种劳动类型。体育类民办非企业单位作为一种服务行业，智力劳动的比例较高。在这个体验决定回报的经济背景中，体育类民办非企业单位的情绪劳动的质量，也决定着体育类民办非企业单位服务的质量，并最终影响体育类民办非企业单位的生存和发展。第二，整个社会从事公益活动的成本。从公益提供者到公益接受者，如果没有公益组织来起到这个良好的中介作用，那么社会整体的公益效率就是低下的。从这个层面理解的公益成本，也是某种程度上的交易成本。

社会企业（social enterprise）最早源于法国经济学家蒂埃里·让泰提出的社会经济概念，他认为，社会经济不是“以人们衡量资本主义经济的办法即工资、收益等来衡量的。它的产出是把社会效果和间接的经济效益结合在一起的”①。这是资本主义后市场经济时代，从关注经济效益开始转向经济与社会效益并重的一种取向。社会经济学与主流经济学的哲学基础是不同的。社会经济学强调的是利他和自利的统一，它突破了主流经济学“理性经济人”的假说，认为人们不仅要满足基本的

① 杰里米·里夫金. 工作的终结：后市场时代的来临［M］. 王寅通，等译. 上海：上海译文出版社，1998.

生理需要，还要满足更高层次的自我实现的需要。人类发展的目标是为了实现人自身的全面自由和发展。由此可见，公益心是人内心深处的一种潜能。公益是当公众回归人性的时候的自觉和本能，因此，社会上的每一个人，在每一个阶段，都可能关注公益、参与公益、支持公益。这就是所谓的公益之“社会氛围”，或者说“社会潜意识”。社会企业理论的具体化之一是社会性企业光谱（social enterprise spectrum），由美国学者金·阿特洛提出①。从对社会企业的界定来看，社会企业无论从企业目标、运营方式还是价值创造角度，都体现出非营利组织和纯商业组织相混合的组织特征，这也就意味着社会企业兼具传统社会组织和传统商业组织的特性。社会经济学强调从社会整体权益的角度来衡量社会发展，而不仅仅关注外在的资产、利益，这与我国科学发展观的理论不谋而合。社会性企业光谱强调的是一种从社会取向到经济取向的一种连续的过程，一种从私益到共益再到公益的连续性过程。社会经济学理论论述的是体育类民办非企业单位未来的发展方向。从价值属性审视体育公益性问题，对于生存于相对滞后的法制环境与社会现实中的体育类民办非企业单位有一定的益处。

从研究方法上看，相较于归纳法，演绎法似乎使用得更多。社会学研究中，人们也总是希望能找到像自然规律那样，放之四海皆准的法则，然而，社会学中常常没有那么多通行性。当演绎出的这种所谓法则的通行性受限的时候，有些研究者们常会简单地归咎于我国社会制度的不足。如果使用归纳法，结合现实，在“存在与合理”的权衡中，找

① 舒博．社会企业的崛起及在中国的发展［D］．天津：南开大学，2010.

到其现实中的发展路径，更不失为一种有效的研究方法，也是一种负责任的研究态度。归纳法不求研究的个案一定要有通行的规律和示范效应。通过对个案的深描，揭示足够的特征，为进一步归纳做好准备。

以不同的体育类民办非企业单位的公益性差别为导向进行分类管理，是本研究的不同之处。区别于以往通过登记注册，静态地、一次性地认定体育社会组织的组织属性，以最终是否有利于体育社会公益的实现为导向，区分各个体育类民办非企业单位公益性差别的方式，给予不同的发展策略与优惠政策。突破组织界定，社会取向的社会组织或体育类民办非企业单位，与市场导向的企业，有趋向中间状态的趋势。在提倡体育类民办非企业单位经营的基础上，提出其产品或服务的成本，既包含情绪劳动等公益成本，也包含制度成本。合理的定价才是体育类民办非企业单位获得发展的前提。

体育类民办非企业单位是我国特有的一种社会组织，在国外找不到与之完全相同的社会部门。它的发展，恰逢我国经济体制改革及事业单位改革的社会剧烈变革时期。本研究不是针对某一家具体的体育类民办非企业单位，探讨其创立、运作和发展的过程，而是将其作为我国体育社会组织中的一种，既研究其作为社会组织在我国目前的社会组织管理或治理体系中面临的问题，又侧重从其价值属性——公益性的视角，探索其可能的发展路径。当下，体育类民办非企业单位发展的一个主要困境是对于它组织性质的清晰界定和实践中，人们对其认识的不足。在顶层设计层面，相关法律法规还有冲突和错位；在社会实践层面，具体的优惠政策难以落到实处，组织面临的资产困难巨大。本研究希望通过以“公益性”这一视角，基于对公益与互益、私益等的辨析，对“公益”

这一概念进行解读与深化，最终形成一种基于公益导向的、公益分级与公益认定的体育类民办非企业单位分类管理模式，以期促进体育类民办非企业单位的发展。

第二章　体育类民办非企业单位的定义与分类

一、体育类民办非企业单位的定义

1998 年 9 月 25 日，国务院第八次常务会议审议并通过了《条例》。1998 年 10 月 25 日，时任总理朱镕基签署国务院第 251 号令发布了该条例，自发布之日起施行。《条例》规定，民办非企业单位是指企业事业单位、社会团体和其他社会力量以及公民个人利用非国有资产举办的，从事非营利性社会服务活动的社会组织。2000 年 11 月，国家体育总局、民政部发布的《体育类民办非企业单位登记审查与管理暂行办法》（以下简称《办法》）中规定，体育类民办非企业单位是指由企业事业单位、社会团体、其他社会力量和公民个人利用非国有资产举办的，不以营利为目的的，以开展体育活动为主要内容的民办的中心、院、社、俱乐部、场馆等社会组织①。《条例》和《办法》的出台，明确了民办非企业单位的地位作用、权利义务、必备条件以及对民办非企业单位的管理，进一步将国家对民办非企业单位等的社会组织的管理纳入法制化、规范化的轨道。

《条例》使用“暂行条例”的字眼，显示了我国对于民办非企业单位的依法管理还处于进一步积累经验的过程中，是进行有中国特色的民间组织法制管理的一个尝试②。民办非企业单位的概念包括三个方面的属性，即举办主体、举办资产和活动性质。其中，举办资产和活动性质可以用“民办”来界定，民办非企业单位的举办主体是非国家机关（包括党政机关和人民团体）的社会力量和公民个人；举办资产是非国有资产。“非企业”，即民办非企业单位活动的非营利性和公益属性③。《办法》中还包括了业务活动领域，即体育活动，明确了体育类民办非企业单位的存在形式有中心、院、社、俱乐部、场馆等。社会上的武术院、跆拳道社、体育咨询中心等，多为体育类民办非企业单位。体育俱乐部的情况相对复杂一些，包含商业性体育俱乐部和非营利性体育俱乐部，非营利性体育俱乐部均为体育类民办非企业单位。与《条例》同期发布的还有《社会团体登记管理条例》，以及 2004 年 3 月的《基金会管理条例》。这 3 个法规构成了我国 3 种社会组织的基本政策法规体系。体育类民办非企业单位、体育基金会和体育社团同属于我国的体育

① 国家体育总局、民政部．体育类民办非企业单位登记审查与管理暂行办法（第 5 号令）［Z］．2000.

② 王向南．中国非营利组织发展的制度设计研究［D］．长春：东北师范大学，2014.

③ 景朝阳．民办非企业单位导论［M］．北京：中国社会出版社，2011.

社会组织。从组织属性来讲，体育类民办非企业单位与体育基金会属于非会员型的、服务对象指向组织之外的社会组织，体育社团属于会员型的、服务对象指向组织内部的或外部的社会组织。从价值属性来讲，体育类民办非企业单位是公益性的，体育社团以互益性居多。

二、体育类民办非企业单位的分类

对体育类民办非企业单位的分类，首先要确定一个合适的分类标准。体育类民办非企业单位的发展时间很短，暴露出的问题还不深刻，以往的研究，尚无较全面的分类方法。从发起路径来看，体育类民办非企业单位可以分为官方发起和民间发起；从组织的实体类型来看，体育类民办非企业单位可以分为法人、合伙、个体；可以按照业务涉及的领域、人群、体育项目进行分类；也可以按照《办法》中体育类民办非企业单位的定义“中心、院、社、俱乐部、场馆”等名称分类。《办法》中规定的“中心、院、社、俱乐部、场馆”等不同名称的体育类民办非企业单位，尚缺乏全国性的完整数据。体育类民办非企业单位的分类既是本文的研究基础之一，又是研究的目的。因而，在探讨体育类民办非企业单位的基本情况时，主要依据是它的发起是自上而下的官方推动，还是自下而上的民间发起。

如果从体育类民办非企业单位的社会组织性质出发，此类组织的发起者应完全为民间力量。但是从我国现实国情来看，体育类民办非企业单位的发起与体育社团有相似之处。早期有大量政府主导的、带有官方

性质的体育类民办非企业单位成立。或者经过了政府的政策倡导，以资金扶持为导向而发起成立。从 2000 年起，国家体育总局和各级体育局利用体育彩票公益金，开始在全国范围内资助青少年体育俱乐部和社区体育俱乐部。这些俱乐部基本上都注册为民办非企业单位。到 2014 年，受到资助的这类俱乐部超过 6000 家[①]。当然，政府部门资助的青少年体育组织，并非只有体育俱乐部一种形式，也并非只登记成民办非企业单位一种类型。截至 2013 年，全国由政府相关部门倡导和资助创建的公益性、具有体育功能的青少年组织（包括非体育部门资助创建的综合功能的青少年服务机构或组织）达到 36602 个。由体育部门倡导资助创建的有 23602 个，其中青少年体育俱乐部近 8000 个，青少年户外体育活动营地 105 个，青少年体育活动中心 100 多个，各级传统体育项目学校 15477 所[②]。挂靠学校的青少年体育俱乐部，大部分登记为体育类民办非企业单位。2004 年国家体育总局发布了《社区体育健身俱乐部试点工作方案》，从 2004 年开始将在部分省市（区）和有关单位开展创建社区体育健身俱乐部的试点工作[③]。社区体育俱乐部的发展不如青少年体育俱乐部顺利，后来，因社区体育俱乐部无挂靠部门，社区居民自治组织无力进行较全面的管理。另外，社区体育俱乐部的名称似乎带有某种行政级别的意味，所以，国家体育总局在资助了三期之后，于 2008

---

① 刘国永，杨桦．中国群众体育发展报告（2014）［M］．北京：社会科学文献出版社，2014.

② 裴立新．激发体育社会组织活力，广泛开展青少年体育活动（一）［J］．青少年体育，2014（1）：7－10.

③ 曹磊．我国社区体育俱乐部发展的主要影响因素与发展阶段研究［D］．福州：福建师范大学，2006.

年停止资助社区体育俱乐部。

还有另外一种按照举办主体的分类，即完全的民间资本发起创立的体育类民办非企业单位。早期民间资本投入社会体育领域，是以群众性体育消费为先导的。敏锐的市场嗅觉使部分投资者较早地看到了群众体育消费的巨大市场，他们成立了商业体育俱乐部等营利性体育机构。虽然这一部分商业体育俱乐部是以盈利为目的，但它们客观上满足了人们一定的社会体育需求，弥补了政府体育服务供给的不足，也具有一定的公益性。随着市场竞争的激烈和国家对公益组织相应优惠政策的出台，这部分商业体育俱乐部看中了政府让渡出来的利益空间，纷纷在民政部门注册，便有了非营利属性，也具有了体育类民办非企业单位的性质。同期成立的体育组织，有些便直接登记为体育类民办非企业单位。实际上，在社会体育领域，无论是登记为企业还是民办非企业单位，其均具有公益性。只是公益性的大小有所差别，组织愿景不同。究竟登记为哪种类型，要看发起者对自身所涉及领域的竞争激烈程度、行政成本、各种身份获取政府资源的可能等多方面因素的考量。

《条例》和《办法》中国有资本不高于三分之一的规定，是民办非企业单位组织属性判断的一个依据。但实际上，民办非企业单位的整体投入中，不仅有资产、实物，更有虚拟的技术、专利及智力等，这些资本的准确数量难以明晰。因而，以资产属性判定组织姓“公”还是姓“私”是比较困难的。我国体育类民办非企业单位的发起方式如图2所示。

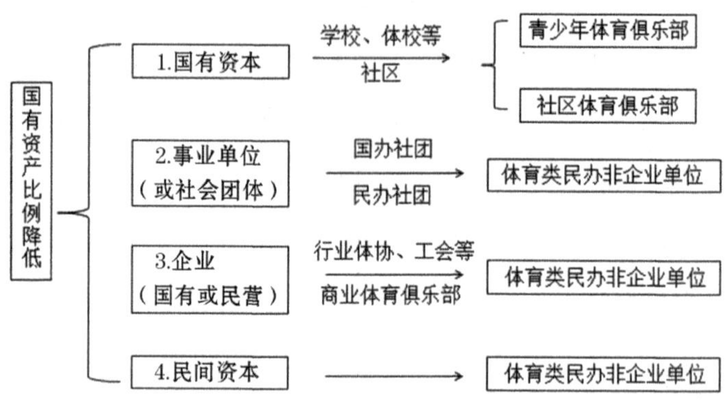

图2　我国体育类民办非企业单位的发起方式

第三章　体育类民办非企业单位的发展背景与进程

一、体育社会组织复苏时期（1978—1992年）

改革开放之前，我国社会结构分化很低。国家通过一系列的制度安排垄断着绝大部分的稀缺资源和结构性空间，这种权力集中、能力全面的政府社会关系下的社会类型，被称作总体性社会。直到改革开放，总体性社会的风貌才开始转变。高度政治化是整个社会、政治、经济、生活的特点。国家政权通过意识形态、组织结构及有效的政治动员实现对社会生活的全面渗透与控制，对经济和社会资源实行全面垄断。国家与社会高度合一，政治中心、经济中心、意识形态中心三位一体，高度重合扭结。在总体性社会中，政府控制一切。在经济领域里，大大小小的事务都在政府的直接控制之下，所有的经济组织要么本身是政府机构，要么是政府的附属机构。同时，这种体制不只局限于经济领域，而且在

社会领域里也同样存在着类似的问题。政府及其附属组织直接控制和从事各种活动，政府体制的性质与活动方式也贯穿于社会领域，通过运用强制力量去实施行政式的管理。因而国家对资源和空间的高度垄断造成了个人对单位、单位对国家的高度依赖。由于缺乏发展的资源和活动空间，社会自治和自治组织的能力受到抑制和剥夺，真正意义上的社会组织没有生存的制度空间和社会空间①。1978 年的改革开放，逐渐确立了我国由总体性社会向准总体性社会转型的趋势。在体育领域，长期以来体育的强政治性，竞技体育领域的举国体制，使我国的群众体育一直发展较差。改革开放首先解放的是思想，以经济建设为中心，确立实事求是的作风。作为体育社会学的母学科，社会学的地位重新确立。管理学等人文社会学科亦重新获得重视。经济体制改革的先导带动了政治体制改革的破冰，公民社会的观念开始出现。

在解放思想的初期，国家的主要任务是将工作的重心从阶级斗争转向经济建设，逐步确立社会主义市场经济的发展方向。社会治理领域尚未有较大松动，社会福利由政府完全代理的态势依然在延续。体育社会组织，彼时的名称尚未统一，仍称体育民间组织、群众体育组织或体育非政府组织等。在体育领域，随着 1979 年我国恢复在国际奥委会的合法席位，体育较早呈现外向型发展的态势。基于国际体育交往和国内竞技体育发展的需要，一批体育组织出现，于当时的国情及政治特征来看，虽然还称不上是社会组织，但是已经开始涉及我国体育事业的管理和对外体育交往。社会体育领域，作为社会福利和社会事业，仍旧由官

---

① 孙立平．总体性社会研究：对改革前中国社会结构的概要分析［J］．中国社会科学季刊，1993（1）：16－26.

方组织负责。我国的政府部门在此之后，开始注重社会体育。原国家体委设有群体司，教委设有体卫艺司，军队、共青团、妇联及行业体协等陆续建立或步入正轨。总体而言，这一时期正是为我国体育公益和体育福利走向社会化，以及为体育社会组织和体育类民办非企业单位的出现，奠定社会和经济基础的时期。

二、社会治理与社会体育体制的变革期（1992—1998 年）

1992 年，中共十四大召开，会上明确指出经济体制改革的目标是建立社会主义市场经济体制①。建立社会主义市场经济体制是一场深刻的社会革命，体育工作必须适应这一重大变革②。伴随着国家改革开放和体育事业发展，体育战线以社会化为突破口，群众体育和竞技体育等方面的改革取得了成效，我国体育事业进入了转型、变革时期。群众体育事业的地位得到进一步确立，在国民生计中所占的比例不断上升。同时，改革中也有一些深层次的问题尚未解决，资金匮乏、人才稀少等问题尚未找到较好的破解机制。社会成员还不能创造性地参与体育活动，体育工作效益、效率不高，体育事业发展的活力与后劲不足等问题，仍

① 黄如军. 从计划经济到社会主义市场经济：我国经济体制改革目标模式的确立[J]. 中共党史研究，1999（2）：38－44.

② 王学敏. 社会主义市场经济与反腐败斗争［J］. 教学与研究，1994（1）：55－58.

不同程度地存在，深化体育改革的任务十分艰巨①。

1993 年 5 月，《国家体委关于深化体育改革的意见》正式提出要制定并实施“全民健身计划”，要求各级体育行政部门加强领导，进一步社会化群众体育工作；各行业主管部门负责其体育工作，充分发挥行业体协、系统体协的作用；鼓励各行业、各系统建立各级各类基层体育组织。大力发展城市社区和农村体育，鼓励社会各界兴办群众性的体育组织。逐步建立群众体育以社会和个人投资为主，以国家补助为辅的运行机制②。群众体育工作要按照科学化、法制化的要求发展。

社会转型使职工体育从宏观到微观都产生了一系列的分化与整合，社会变革使职工体育管理职能部门逐步退出原有体制，人们对体育管理与服务职能的接受者——职工体育社团产生了前所未有的关注③。国有企业改革，大量工人下岗，引发了社会结构的巨大变革，同时带来了计划经济体制下的“单位”体制的解体。单位体制是中国社会现代化进程中一种社会调控体系设立的组织形式。单位无所不包、无所不容地给社会成员生活中的各个方面提供服务，承载着包括社会体育福利在内的成员各项生活领域的事务。此时的社会体育工作开始朝社区体育及家庭体育这一更小的社会单元转移。

经济体制改革以后，国家逐渐允许私人进入教育、科技、文化、卫

① 孟文娣．中国群众体育公共服务市场机制引入方式的研究［D］．北京：北京体育大学，2008.

② 张晓琳．中美竞技体育管理体制与运行机制的比较研究［D］．北京：北京体育大学，2011.

③ 赵子江．国有企业职工体育体制与运行机制的研究：社团的承托功能与社会体育资源的整合对策［J］．体育文化导刊，2006（1）：10－12.

生领域。国务院于1980年批准了《卫生部关于允许个体开业行医问题的请示报告》①，允许个体医疗事业的存在，由卫生行政部门审批。1981年《国务院关于城镇非农业个体经济若干政策性规定》将从事文化、教育、医药、卫生等业的个体户和个体工商户区分开来。个体工商户经工商行政部门批准，而从事教科文卫等业的个体户一般由各自业务主管部门批准②。1992年《中共中央 国务院关于加快发展第三产业的决定》颁布以后，民办事业开始有较大规模的发展。

1995年8月，经过8年反复酝酿、艰苦起草的《中华人民共和国体育法》（以下简称《体育法》）终于在第八届人大常委会第十五次全体会议上获得全票通过。《体育法》弥补了我国体育领域没有根本性大法的空白，标志着中国体育工作开始进入依法行政、以法治体的新阶段，这是新中国体育事业发展的一座里程碑③。《体育法》第二条提出了普及与提高相结合，促进各类体育协调发展的原则。鼓励企业事业组织、社会团体和公民兴办和支持体育事业。从《体育法》的八章内容中可以看到，社会体育、学校体育和竞技体育各占一章，体育社会团体也占一章，这充分肯定了我国社会体育和社会体育组织的地位与价值。

国务院于1995年颁布实施了《全民健身计划纲要》。这是关于我国群众体育的一个远景规划，提出了构建具有中国特色的全民健身体系。

---

① 国务院．卫生部关于允许个体开业行医问题的请示报告［R］．中华人民共和国民法资料汇编，1980.

② 齐红．单位体制下的民办非营利法人［D］．北京：中国政法大学，2003.

③ 于善旭．《中华人民共和国体育法》修改思路的探讨［J］．体育科学，2006，26（8）：71－74.

《全民健身计划纲要》是国家发展社会体育事业的一项重大决策，是我国发展全民健身事业的纲领性文件。《全民健身计划纲要》要求通过政府行为，用系统工程的办法，整体性地加强全民健身工作。通过社会化的路子，在国家宏观调控下，集合方方面面的力量，使国家、社会、个人、单位、社区、家庭等各系统都能在全民健身系统工程中发挥作用，形成社会化全民健身组织网络，充分发挥各群众组织和社会团体在开展群众性体育活动中的作用，建立健全行业体协、系统体协和其他群众体育组织，逐步形成社会化的全民健身组织网络。

三、体育类民办非企业单位稳定发展期（1998—2013 年）

（一）《民办非企业单位登记管理暂行条例》的颁布

1996 年，国务院从完善我国社会组织管理格局的角度出发，决定把民办非企业单位交由民政部门进行统一归口登记。当时，民办非企业单位称“民办事业单位”，主要是由编制部门进行登记管理。当时我国的民办非企业单位有 70 万家①。1998 年《条例》颁布，标志着我国民办非企业单位获得正式的法律地位。民办非企业单位成为我国经济体制改革与事业单位分化过程中演变出来的一种社会组织形式。民办非企业

① 赵泳，刘宁宁．全国民办非企业单位数量分析［J］．中国民政，2003（4）：30.

单位统一归民政部门管理，并从2000年开始了为期2年的登记复查工作。2000年《办法》的出台，对我国十类民办非企业单位领域之一的体育类民办非企业单位做出了法律性的规定。这也标志着政府对体育类民办非企业单位的管理逐渐进入法制化、规范化的轨道。2006年，《中共中央关于构建社会主义和谐社会若干重大问题的决定》明确指出，鼓励社会力量在体育领域兴办民办非企业单位，《中华人民共和国国民经济和社会发展第十一个五年规划纲要》也明确提出要深化体育改革，鼓励社会力量兴办体育事业和投资体育产业①。规范发展体育健身、竞赛表演、体育彩票、体育用品，以及多种形式的体育组织和经营实体，这也为体育类民办非企业单位的发展指明了方向。

到2003年，我国体育类民办非企业单位的发展在数量上有了一定的规模。2008年，北京成功举办了第29届奥运会。奥运会的举办不仅对我国经济的拉动、国际影响力的提高起到了很强的作用，更重要的是民众的体育观念开始发生变化，体育参与热情空前高涨。2010年，中国GDP总量超越日本，成为世界第二大经济实体，人均GDP超过4300美元，政府财政收入不断增加，民间体育需求持续增长，互联网技术及终端的便捷化，改变并加强了人与人、人与组织、组织与组织之间的联系。

在1995年《全民健身计划纲要》的基础上，国务院先后于2001年8月和2011年2月颁布了《全民健身计划纲要》第二期工程（2001—2010年）规划与《全民健身计划（2011—2015年）》两个连续性的文

① 国家发展和改革委员会发展规划司．国家及各地区国民经济和社会发展“十一五”规划纲要（上下）［M］．北京：中国市场出版社，2006.

件，以保证全民健身工作持续不断地开展下去。

（二）体育民办非企业单位开始起步并快速发展

在《办法》颁布之后不久，国家体育总局率先推行国家资助社会组织，帮助提供社会公益的青少年体育俱乐部和社区体育俱乐部工作。青少年体育俱乐部成为体育民办非企业单位运作的主要方式之一。从2000年到2013年，国家体育总局和各地方体育局共资助国家级和各级青少年体育俱乐部约6000家，占了全国体育类民办非企业单位总数的一半以上。可以说，我国体育类民办非企业单位的开展形式主要以青少年体育俱乐部为主。在这一时期，随着经济的发展、个人投资领域的多元化，民间资本开始进入，发起体育类民办非企业单位。《办法》出台及后续开展的民办非企业单位登记复查工作，明确了民办非企业单位的法律身份，将原有散现于社会中的各类不是民办非企业单位的组织剔除出去，同时，政策性地引导企业、公民个人登记注册体育类民办非企业单位。

（三）购买公共服务成为体育社会组织发展的助力因素

受到福利多元主义的影响，我国政府在公共服务职能的转移上做了一定的改革与尝试。向社会组织购买公共服务，使政府部门由服务的生产者变为提供者。这对社会组织的发展来说是一个良好的机遇，使民众能够接受更高质量的体育公共服务，同时减轻了政府的行政负担与财政负担。在政府购买公共体育服务的初期，还未较多涉及体育类民办非企业单位，特别是民间发起的体育类民办非企业单位。更多的从政府转移出来的公共体育服务职能，由那些与政府有一定关联或有官方背景的体育社会组织承担。一些发展较好的体育协会、体育社团在这一时期的体育公共服务中，起到了较大的作用。

（四）双重登记与管理制度的困境凸显

我国民办非企业单位管理体制的基本框架可以用三句话来概括，即“统一登记，双重负责，分级管理”①。民政部和县级以上的民政部门是本级民办非企业单位登记管理机关，民办非企业单位的登记要统一到民政部门办理，即“统一登记”。所谓“双重负责”，指除了民政部和县级以上的民政部门作为本级民办非企业单位登记管理机关以外，民办非企业单位在业务上由其主管单位负责管理。体育类民办非企业单位的业务主管单位即各级体育局。所谓“分级管理”，指按照民办非企业单位活动的地域分级登记管理。根据《条例》规定，登记管理机关负责同级业务主管单位审查同意的民办非企业单位的登记管理②。这种管理形式有时仅业务主管单位审批一个环节，就能将大多数要进行登记的民办非企业单位挡在合法性大门之外。这种双重负责、分级管理的方式，易造成管理部门相互“踢皮球”及责任的失位。更深层次的影响是，众多的民间组织被国家社会组织体系排除在外，使后续的管理更加困难，国家对这样的民间组织的情况无法掌握。

---

① 刘忠祥．民间组织“双重负责”管理体制剖析［J］．中国民政，2006（11）：43.

② 林莉红．民间组织合法性问题的法律学解析：以民间法律援助组织为视角［J］．中国法学，2006（1）：37－46.

四、体育类民办非企业单位管理体制创新时期（2013 年至今）

2011 年发布的《国民经济和社会发展十二五规划纲要》提出社会组织要“统一登记”，被看作是社会组织登记管理体制改革破冰①。《国民经济和社会发展十二五规划纲要》第九篇第三十九章第一节明确提出：建立健全统一登记、各司其职、协调配合、分级负责、依法监管的社会组织管理体制，重点培育、优先发展经济类、公益慈善类、民办非企业单位和城乡社区社会组织②。统一登记、分类管理成为发展方向。2011 年 7 月出台的《中共中央、国务院关于加强和创新社会管理的意见》（中发〔2011〕11 号）同样明确要建立这一新的社会组织登记管理体制。2013 年 3 月 17 日，十二届全国人大一次会议通过的《国务院机构改革和职能转变方案》提出：重点培育、优先发展行业协会商会类、科技类、公益慈善类、城乡社区服务类社会组织。成立这些社会组织，直接向民政部门依法申请登记，不再需要业务主管单位审查同意。这是首次以全国人大通过的具有法律效力的文件明确规定取消业务主管单位审查。原民政部部长李立国表示，实施行业协会商会类、科技类、

① 童潇．直接注册时期社会组织管理模式创新：社会组织管理体制改革面临的新问题及应对［J］．探索，2013（5）：144－149.

② 国家发展和改革委员会．国家及各地区国民经济和社会发展“十二五”规划纲要（上中下）［M］．北京：人民出版社，2011.

公益慈善类和城乡社区服务类四类社会组织直接登记工作，要在社会组织的登记管理上取消不必要的审批，下放权限①。自2013年3月十二届全国人大一次会议通过《国务院机构改革和职能转变方案》，明确开展直接登记以来，全国直接登记的社会组织约3万个，占同期登记的社会组织40%以上②。

另外，我们也应该看到，直接登记制度一定程度上降低了准入门槛，但也只是促进了体育社会组织及体育类民办非企业单位发展的初始阶段，后续发展仍面临诸多问题。特别是体育类民办非企业单位，在成立起来之后的运作过程中，仍面临相当多的困难。实行直接登记以后，社会组织的发展、体育社会组织的发展并没有出现“井喷”现象，实然，“生存”之后的“发展”才是最难啃的一块骨头。

① 中国新闻网．民政部：四类社会组织直接登记 不必要审批将取消［EB/OL］．(2013-12-05)．http://www.chinanews.com/gn/2013/12-05/5583640.shtml.

② 人民网．民政部：已有27省区市开展或试行社会组织直接登记［EB/OL］．(2014-09-24)．http://politics.people.com.cn/ywkx/n/2014/0924/c363762-25725297.html.

第四章　体育类民办非企业单位的发展概况

一、体育类民办非企业单位数量、分布及举办主体

（一）数量与地区分布

《2014 年社会服务发展统计公报》[①] 显示，2014 年年底（截至 2016 年 5 月，2015 年社会服务发展统计公报尚未发布），全国共有社会组织 60.6 万个。全国共有社会团体 31.0 万个，比上年增长 7.2%。民办非企业单位 29.2 万个，增长 14.7%；基金会 4117 个，增长 16.0%。全

① 民政部门户网站．民政部发布 2014 年社会服务发展统计公报［EB/OL］．［2016 - 11 - 16］．http：//www. mca. gov. cn/article/zwgk/mzyw/201506/20150600832371. shtml.

国社会组织发展情况如图 3 所示。

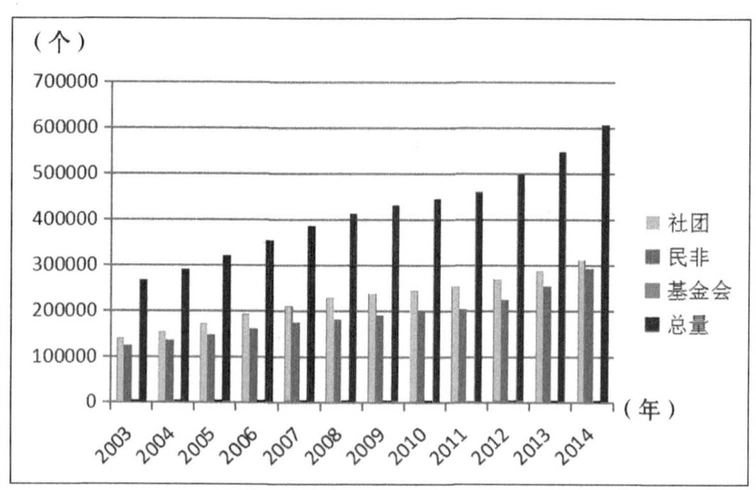

图 3　2003—2014 年我国社会组织发展情况

（数据来源：民政部历年社会服务发展统计公报。）

在全国近 30 万个民办非企业单位中，体育类有 11901 个，占 4.08%。从 2000 年 11 月《办法》颁布，追溯历年可查到的数据，共 12 年的数据如图 4 所示。体育社团与体育类民办非企业单位相伴发展，数量水平逐步接近，体育社团的发展基础更好，受到的关注更多。直到 2014 年，体育类民办非企业单位的数量才超过体育社团的一半，对比图 3 与图 4 可以发现，全行业的社会组织中，社团与民办非企业单位的数量近些年日趋接近，且这种接近程度优于体育行业。可以认为，体育类民办非企业单位的发展较我国民办非企业单位的整体发展水平落后。在体育领域，社团的发展一直是社会组织先导，体育类民办非企业单位尚未受到足够重视。

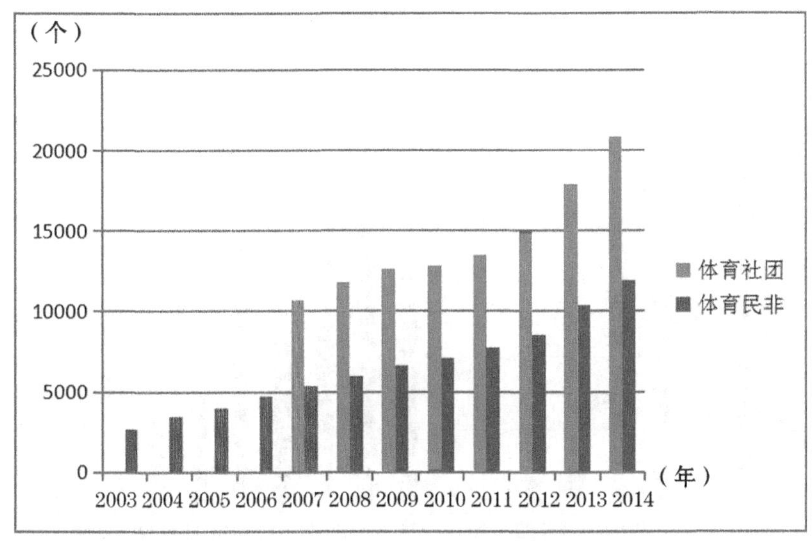

图 4　2003—2014 年我国体育社会组织发展情况

（数据来源：民政部历年社会服务发展统计公报。）

（二）各类举办主体的体育类民办非企业单位

1. 官方发起

官方发起的青少年体育俱乐部主要是国家体育总局和各级体育局资助的。国家体育总局 2001—2015 年资助的青少年体育俱乐部数量如图 5 所示。

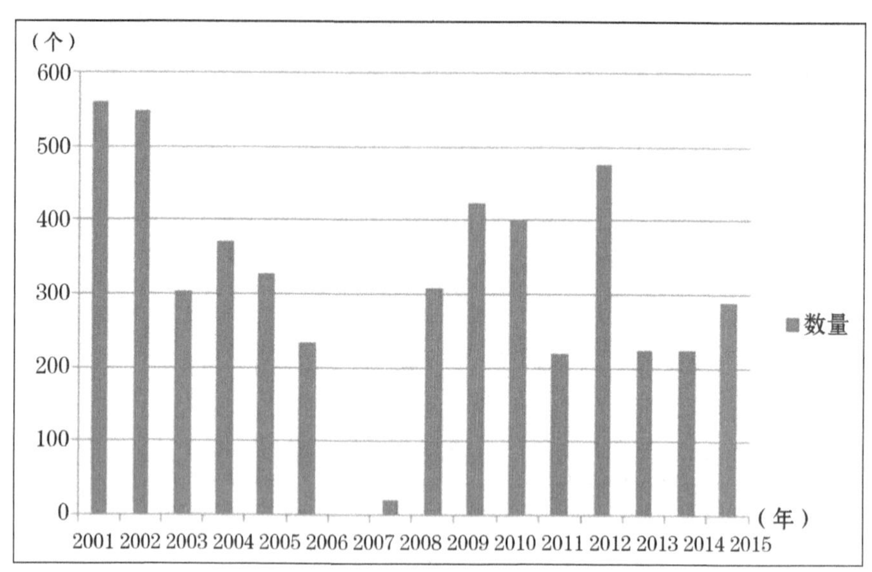

图5　国家体育总局2001—2015年资助的青少年体育俱乐部数量

（数据来源：青少司关于青少年体育俱乐部的历年数据。）

除国家体育总局发起以外，各省市体育局包括其他政府部门或者社会力量也发起举办了各类青少年体育俱乐部以及其他青少年体育组织。其中，省级1128个，地市级609个①。但是由于各级政府对青少年体育俱乐部的管理方式不一，俱乐部自身对其组织性质的认识不清晰，有大约20%的青少年体育俱乐部没有登记成民办非企业单位组织，而是登记成了体育社团，或是没有登记。

从地区分布情况来看，数据涵盖了我国32个省、市、区直辖市，

① 刘国永，杨桦．中国群众体育发展报告（2014）［M］．北京：社会科学文献出版社，2014.

覆盖面广，平均每个省 168 个（2014 年）。具体数据如图 6 所示。

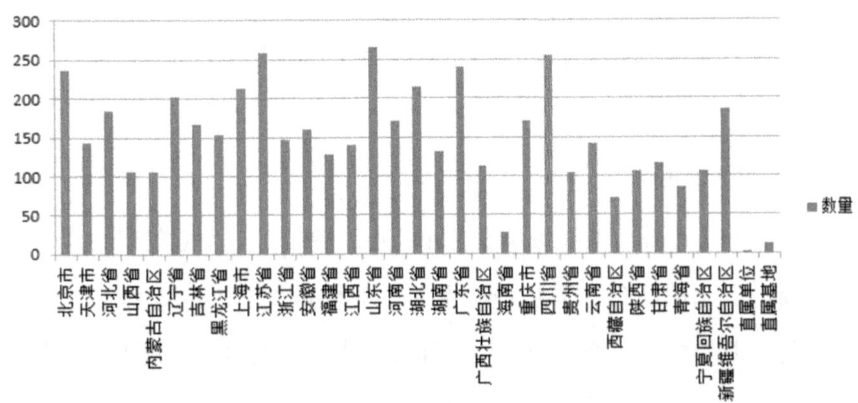

图 6　国家级青少年体育俱乐部地区分布

（数据来源：青少司关于青少年体育俱乐部的历年数据。）

国家体育总局和各级体育局资助的青少年体育俱乐部占我国体育类民办非企业单位数量的 2/3 以上。青少年体育俱乐部的情况一定程度上反映了我国体育类民办非企业单位的整体风貌。社会、行政部门、学校、工作人员、学生对于体育俱乐部的认识还有待深化，但是也已在现有基础上，摸索出了较为合适的发展道路。体彩公益金的资助并没有改变青少年体育俱乐部的组织性质，《办法》中初始资金不得超过 1/3 的规定也基本满足。实际上，如果将学校体育设施、学校体育师资等计算在内，青少年体育俱乐部的民间属性是比较弱的。但是它的存在切实解决了学校体育工作的难题，拓展了学生体育参与的空间，盘活了学校体育场馆，一定程度上增加了体育人才的就业。在这些体育俱乐部中，仍有一些没有注册或注册成社团的，在未来的进一步发展中，它们可能会

遇到不利情况。尽管是属于实体性非会员组织，但是学校体育俱乐部也在积极探索发展个人和团体会员，会员缴纳的会费使很多基础性活动得以开展。这为体彩公益金资助退出后组织的发展进行了有益的探讨，甚至可以认为是一种突破。

2. 民间发起

在 11901 个体育类民办非企业单位中，除了官方发起的青少年体育俱乐部，其余的体育类民办非企业单位大多由民间资本发起。《办法》规定除了政府以外，企事业单位、社会团体、个人均可发起成立民办非企业单位。民间发起的民办非企业单位，有个人发起、社会组织发起和企业发起三种。

民间发起的民办非企业单位最大的特点是规模很小，大多数注册资本为 5 万 ~10 万元。从全国范围来看，其整体分布不均衡。因为没有青少年体育俱乐部国家政策导向性的扶持与资助，民间发起的体育类民办非企业单位数量基本上与当地经济、社会水平呈正相关。相比较青少年体育俱乐部，这类民办非企业单位没有国家财政资金的支持，只能靠自身经营运作，提供员工工资和获取组织发展资金。从发起目的来看，这类民办非企业单位具有一定的盈利冲动，但实际上，能够通过市场化运作有所盈余的寥寥无几。调研发现，社会上很多民间主导型体育类民办非企业单位实际上处在名存实亡的境地。它们的发起，或者是响应某些政策的号召，或者是看到了政府的某些公益性体育社会组织的资助政策，或者由于市场竞争的过分挤压，进入这个领域。现实是，获取政府财政支持在程序上和后续的资金实施上颇为复杂，而且监管严格，以利润为导向的这种公益肇始就失去了意义。

民间主导型体育类民办非企业单位在登记注册方面，显然比挂靠在事业单位、学校内部的青少年体育俱乐部复杂很多。直接登记的政策在很多地方还没有落实，越是基层民政部门，解放思想、服务社会的意识越是欠缺。专业方面的能力欠缺是一方面，更重要的是，一些民政部门本着“多一事不如少一事”的原则，对民间发起的社会组织推诿拖延，无办事效率可言。民间发起的民办非企业单位没有政府的财政经费支持，缺乏资金来源，作为社会上而不是学校里的这类组织，给人的印象更倾向于“企业”，在谋求公益捐赠时，比青少年体育俱乐部困难了很多。民间主导型体育类民办非企业单位与青少年体育俱乐部更是在服务人群方面具有一定的重叠。在我国体育人口中，20 岁及以上的人群占 14.7%，青少年学生占了 33.9%。

我国相关政策规定，社团可以举办民办非企业单位，而民办非企业单位不能举办社团，企业也可以举办民办非企业单位。即有的体育社团，希望更进一步地为体育公益服务，举办体育类民办非企业单位则是一种非常好的方式。体育社团具有很好的趣缘群体资源，还有一定的社会组织运作经验。企业举办体育类民办非企业单位，优势更加巨大。它们提供了保障体育公益服务所需的资金，而市场领域的管理和运作效率一直是社会组织中的翘楚。利用市场动员配置资源的方式，同样适用于体育社会组织。因此，当今从事体育公益的社会企业已不鲜见，既有体育产业部门举办的体育类民办非企业单位，也有非体育产业部门举办的体育类民办非企业单位。研究调研的山东黑骏马健身俱乐部便是一家商业体育俱乐部同时注册为体育类民办非企业单位的体育组织。

二、体育类民办非企业单位登记的民事主体类型

任何一个社会组织均希望通过向国家行政部门登记注册而获得政府及社会的认可，以及后续的相关优惠政策。我国对社会组织的“管制”取向，在相当长的一段时间里，使体育社会组织的发展受到了很大的制约。2004 年 6 月中共十六届四中全会提出要“加强社会建设和管理，推进社会管理体制创新”，2007 年党的十七大报告提出要“建立健全党委领导、政府负责、社会协同、公众参与的社会管理格局”①。民事主体，即指根据法律规定，能够参与民事法律关系，享有民事权利和承担民事义务的当事人。体育类民办非企业单位登记的民事主体类型，一方面反映了体育类民办非企业单位的组成结构等基本情况，另一方面是国家民事主体类型的法律规制。总体而言，由于我国没有财团法人这一法人类型，即便体育类民办非企业单位登记成法人，也是按照社团法人的类型进行管理，其财务制度按照事业单位财务制度进行。《条例》还规定了“合伙”和“个人”的登记类型。目前，各级民政部门通常鼓励体育类民办非企业单位登记为“法人”。以有具体登记数据的上海、浙江、广东为例，体育类民办非企业单位以法人形式登记的占 78.9%，

① 应松年．社会管理创新引论［J］．法学论坛，2010，25（6）：5－9.

个体形式占 16.8%，合伙形式仅占 4.3%[①]。根据《条例》和 1999 年《民办非企业单位登记暂行办法》的规定，按依法承担民事责任方式，民办非企业单位区分为三类：①由个人出资且担任民办非企业单位负责人的个体型民办非企业单位；②两人或两人以上合伙举办的合伙型民办非企业单位；③两人或两人以上举办且具备法人条件的法人型民办非企业单位。此外，由企业事业单位、社会团体和其他社会力量举办的，或由上述组织与个人共同举办的，均属法人性质的民办非企业单位。

调查表明，大多数体育类民办非企业单位登记的是法人型民事主体类型。个人、合伙两种民事主体类型，可能面临责权利不统一的情况，在组织面临清算解体、偿还债务等问题时，发起人可能会承担无限连带责任。因而，建议将个人、合伙两种民事主体类型去除。体育类民办非企业单位登记为个人、合伙民事主体类型的也非常少。调研时，国家体育总局群体司的同志表示，对于青少年体育俱乐部的登记情况，群体司不做过多的要求，甚至有些青少年体育俱乐部没有登记也基本上默许了。登记过程与登记类型等问题，实际上并没有本质性地影响青少年体育俱乐部开展活动。当前对新开办的民办非企业单位在登记类型上，已经开始进行方向性的引导了，如北京市规定，新成立的民办非企业单位，只能登记成法人类型。

① 汪流，王凯珍．体育类民办非企业单位发展：京、沪、青岛三地的比较［J］．北京体育大学学报，2011（1）：24－28.

三、体育类民办非企业单位业务范围与涉及的体育项目

《办法》第六条规定，体育类民办非企业单位可以从事以下业务：①体育健身的技术指导与服务；②体育娱乐与休闲的技术指导、组织、服务；③体育竞赛的表演、组织、服务；④体育人才的培养与技术培训；⑤其他体育活动。通过调查发现，体育类民办非企业单位组织青少年活动主要为竞赛的形式，有的会针对青少年开展一些专项的训练和技能的培训；部分团体还会组织青少年参加冬、夏令营，也有少部分团体会为了体育活动的宣传开展一定量的讲座活动。据现有调查，国家体育总局资助青少年体育俱乐部，主要关注点是俱乐部的规模和运作规范化程度，至于究竟从事哪些项目的业务活动，并无具体要求，可根据所在地学校传统体育项目开展。从全国范围来讲，目前青少年体育俱乐部、社区体育俱乐部和民间主导型体育类民办非企业单位从事体育项目的总体概况还没有具体的统计数据。国家级青少年体育俱乐部单项与综合型的比例约为1:9，如图7所示。

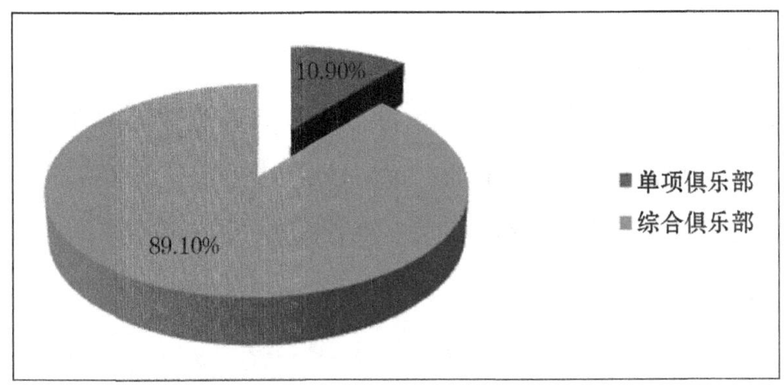

图7　国家级青少年体育俱乐部单项和综合的比例

（资料来源：国家体育总局内部资料，肖林鹏，等．
我国青少年体育俱乐部发展战略研究。）

国家体育总局2008年6月20日发布，我国正式开展的体育运动项目共78个。这些项目可依这两个维度进行分类：第一，开展难度与资金投入；第二，可否进行商业化（产业化运作）。《国家体育产业统计分类》已于2015年8月27日在国家统计局第12次常务会议中通过，并于2015年9月6日公布实施。以产业分类的视角看待体育类民办非企业单位的经营业务范围，并非混淆体育类民办非企业单位的社会组织性质。因为产业是一个较为宏观的概念，体育类民办非企业单位所提供的体育服务虽多以非实物存在，但它仍凝聚着人类无差别的劳动，是价值与使用价值的统一体。生产这一服务的过程，当然是一个产业过程。体育产业化是一种推动体育产业走向一体化经营的过程，而体育市场化不过是推动体育产业由幼稚走向成熟和强盛的一种有效的经济运行方

式，过程和手段之间不能画等号①。

社会化的大部分体育项目，产业化的一部分体育项目，商业化的一小部分体育项目，均为体育类民办非企业单位可涉足的业务领域。《2014 年全民健身活动状况调查公报》显示，我国 6～19 岁儿童青少年在校外经常进行的体育锻炼项目中，体育游戏、长跑和篮球排在前三位（图 8）。

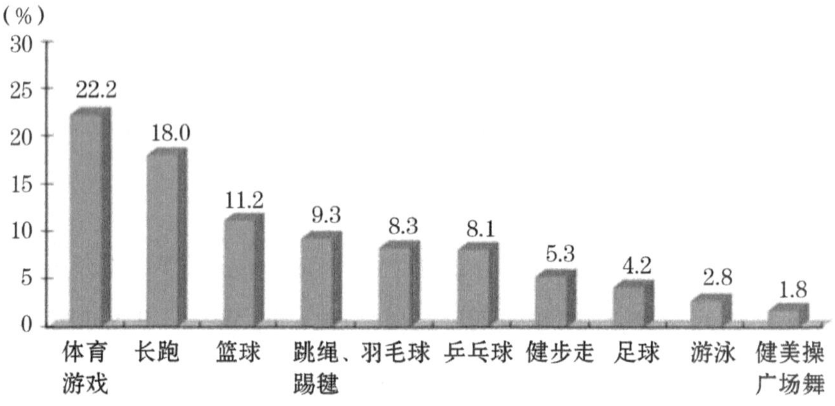

图 8　我国 6～19 岁青少年儿童在校外经常从事的体育锻炼项目

（资料来源：国家体育总局，2014 年全民健身活动状况调查公报。）

20 岁及以上人群经常参加的体育锻炼项目中，54.6% 是健身走，12.4% 为跑步，其他依次为“乒羽网”小球类、广场舞、“足篮排”大球类；20～29 岁人群选择锻炼项目前三位的是健步走、球类和跑步；50 岁以上各年龄组人群主要采用健步走进行锻炼（图 9）。

① 杨年松．体育产业化不等于体育市场化［J］．福建体育科技，2000，19（5）：1－3.

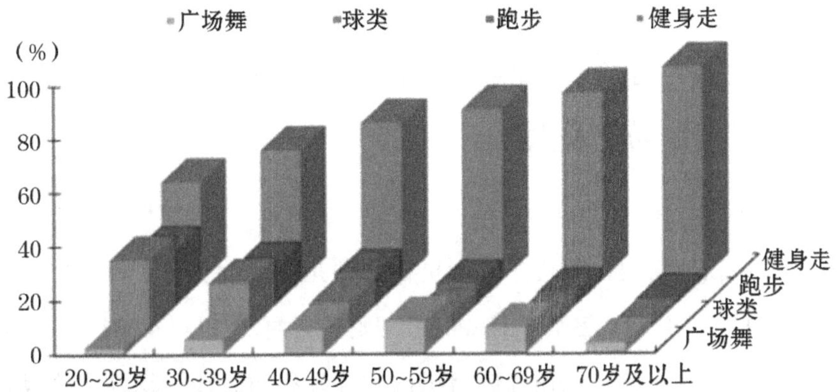

图9　我国20岁及以上年龄组人群从事体育锻炼项目百分比

（资料来源：国家体育总局，2014年全民健身活动状况调查公报。）

调查显示，6～19岁儿童青少年在校外参加体育锻炼的主要组织形式是“由同学（朋友）自发组织”，其他依次为“自己练习”“参加校内项目俱乐部”“与家人（家长）一起”“参加校外体育兴趣班”和“参加业余体校”等①。

从既有的对于全民健身状况的调查数据来看，结合我国目前开展群众性健身活动的现状，办好几个主要运动项目的体育类民办非企业单位，在很大程度上提升了社会体育的效益。其他类别的体育项目，在支持力度上可以减小。从这点上看，政府可以起到的作用是通过给予不同的财政政策支持，调控体育类民办非企业单位涉及的运动项目。

① 《2014年全民健身活动状况调查公报》发布［EB/OL］．［2016－12－15］．http：//sports. people. com. cn/n/2015/1116/c22176－27821757. html.

四、体育类民办非企业单位的经营状况与市场化程度

弗斯顿伯格说，现代非营利机构必须是一个混合体：就其宗旨而言，它是一个传统的慈善机构；在开辟财源方面，它是一个成功的商业组织。当这两种价值观在社会组织内相互依存时，该组织才会充满活力[①]。提到“经营”，人们通常会想到“企业”“市场”。似乎作为社会组织的体育类民办非企业单位，不应该存在经营行为，实际上这种认识与我国的现实国情有一定关系。

从西方社会组织发展的历程与经验来看，公益性社会组织不仅可以经营，更应该善于经营。经营收入是体育类民办非企业单位重要的资金来源。青少年体育俱乐部的经营状况总体来看比较一般，有三分之一处于资产亏空状态（图 10）。

在俱乐部的主要开销中，器材设备、设施维修、业务活动、工资和能源占了较大比例。青少年体育俱乐部依托学校、体育馆、体校等国家事业单位，基本不用缴纳各项税款。俱乐部主要开销项目及排名如表 1 所示。

① 弗斯顿伯格，朱进宁．非营利机构的生财之道［M］．北京：科学出版社，1991.

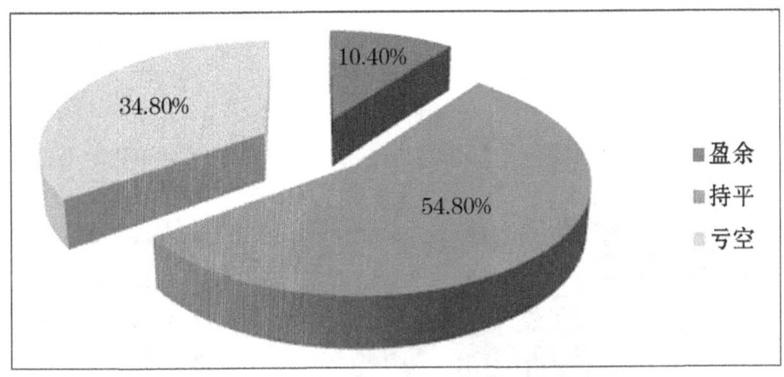

图 10　青少年体育俱乐部的盈亏状况

（资料来源：国家体育总局内部资料，肖林鹏，等．我国青少年体育俱乐部发展战略研究。）

表 1　青少年体育俱乐部主要开销项目及排名 %

项目	第一位	第二位	第三位
器材设备购置	35.1	24.1	14.7
场地设施维修	6.4	12.1	17.1
项目或活动	16.6	16.1	19.1
员工工资	22.7	15.4	13.7
能源	11.4	5.4	12.4

（资料来源：国家体育总局内部资料，肖林鹏，等．我国青少年体育俱乐部发展战略研究。）

青少年体育俱乐部是体育类民办非企业单位中社会公信力较高的，有时还可获得校友捐赠、企业赞助等其他资金。除国家体育总局体彩公益金资助以外有约一半的青少年体育俱乐部有其他资金来源，具体来源

情况如图 11 所示。

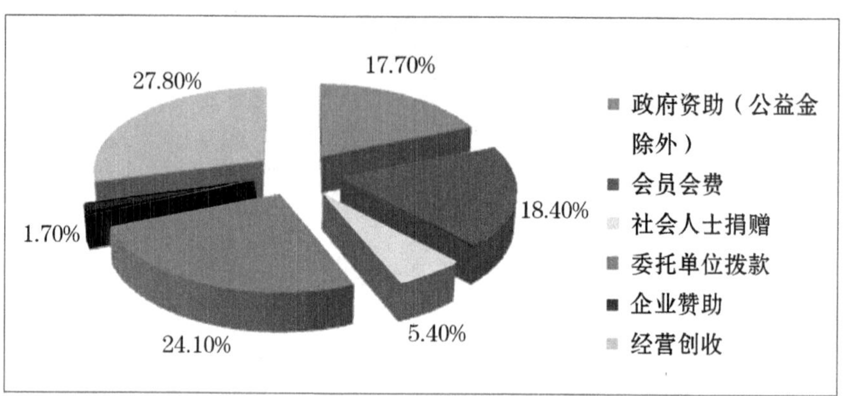

图 11　青少年体育俱乐部的经费来源

（资料来源：国家体育总局内部资料，肖林鹏，等．我国青少年体育俱乐部发展战略研究。）

青少年体育俱乐部的创收形式主要是会员培训与指导、咨询、外租场地设施与器材以及举办赛事活动等（表 2）。

表 2　青少年体育俱乐部的主要创收形式

排序	创收形式	所占比例/%
1	培训	36. 5
2	举办赛事活动	19. 7
3	外租场地设施器材	14. 7
4	咨询	6. 4

续表

排序	创收形式	所占比例/%
5	广告	5.0
6	产品代理	4.3
7	其他	5.3

（资料来源：国家体育总局内部资料，肖林鹏，等．我国青少年体育俱乐部发展战略研究。）

清华大学公共管理学院的一项调查显示：我国41.4%的社会组织认为资金缺乏是它们面临的首要问题——相当一部分社会组织处于资金严重不足的状况，无法正常开展活动，其中有不少组织处在名存实亡的“休眠状态”①。从登记注册资金来看，大部分体育类民办非企业单位规模很小。以广东、浙江两省为例，登记在册的体育类民办非企业单位中，注册资金为3万元的占39.2%，5万元的占21.7%，10万元的占27.8%，20万元及以上的占7.2%，其他占4.1%。在县一级登记的体育类民办非企业单位注册资金多为1万~3万元②。发起资金、规模较小只是影响体育类民办非企业单位发展的一个方面。《办法》规定，体育类民办非企业单位的资金来源为：①接受捐赠、资助；②接受政府、企事业单位、社会团体、其他社会组织和个人的委托项目资金；③为社

① 田丽．非营利组织资金运营管理研究［D］．大连：东北财经大学，2012.

② 汪流，王凯珍．我国体育类民办非企业单位发展研究［J］．北京体育大学学报，2010（8）：23－26.

会提供与业务相关的有偿服务所获得的报酬；④其他合法收入。由于我国文化中缺乏现代公益的基因以及经济发展水平的限制，社会公益捐赠水平非常低下。有研究表明，2002 年，中国人均捐款仅为 0. 92 元，而 2003 年美国人均捐款为 828. 7 美元。即便在发达国家，社会组织的主要经费来源也是政府。2003 年，美国所有社会组织的经费收入中，政府资助占 49%①。山东省的一项调查表明，全省社会力量办体育各业态均表现为盈利能力较差，多处于一般或微利状态。较好的占 8%，一般的占 52%，微利和困难的占 40%（此数据不仅包含体育产业，也包含非营利体育组织）。由此看来，我国体育类民办非企业单位发展的资金掣肘是非常明显的。体育类民办非企业单位以低廉的收费承担着员工薪资、房租水、电费、税款等，勉强维持着组织的运作。

体育服务收费低廉原因何在？当捐赠、政府资金等收入极其有限的时候，向社会提供健身指导、赛事组织等有偿服务获得的报酬，就成为体育类民办非企业单位最主要的资金来源。服务的定价状况一定程度上反映着体育类民办非企业单位所提供服务的公益属性。因为体育类民办非企业单位提供的这种体育服务或产品，具有公共产品和准公共产品的属性。虽然社会经济的发展带动了体育消费水平的提高，但消费结构水平较低，多以体育用品装备等实物型消费为主，而体育服务等精神型消费较少。总体性社会背景下，民众的观念还停留在“福利 = 免费”这一认识上，并且对社会组织的看法也类似于“非营利 = 不收费”。因此，让民众更多地将资金投入到一个非物质体育消费领域，仍有很大困

---

① 李培林，徐崇温，李林．当代西方社会的非营利组织：美国、加拿大非营利组织考察报告［J］．河北学刊，2006（2）：71 –80.

难。体育类民办非企业单位提供的服务，如健身培训、运动技能指导等，包含着财力、物力和人力的多种成本，组织不可能长期以远低于成本的价格为社会提供服务。以调查的某足球俱乐部为例，每节（1小时）足球课的收费仅为10元。但是，该俱乐部租用的是当地条件最好的足球场，教练员也多是高校教师、曾有职业背景的足球专业人士。一入一出的对比，俱乐部资产困境可见一斑。目前，整个体育行业的盈利水平偏低，即便盈利，商业体育俱乐部的经营状况亦不容乐观，整体利润率偏低。山东英派斯是全国规模最大的连锁式健身俱乐部，全国签约门店180家，健身会员20万人，但直到2014年，在年销售额超过6亿元的情况下，才实现盈利。

五、体育类民办非企业单位的特征

作为不同于政府和企业的第三部门，研究社会组织首先要把握的是这类组织的特征。在不同的意识形态、政治类型、文化底蕴、社会治理方式下，组织的特征又呈现出一定的差异性。社会组织研究专家萨拉蒙（Salamon）概括了社会组织的5个特征：组织性、民间性、非营利性、自治性和志愿性。他认为符合这5个特征的即为社会组织①。实际上，结合不同的政治体制以及公民社会发展的进程，不同国家的社会组织所具有的特征，存在一定的差异性和侧重性，不同类别的社会组织，也存

① SALAMON L M, et al. Partners in Public Service: Government and the Nonprofit Sector in the American Welfare State [J]. Government, 1987: 35.

在一定的差别。总体而言，我国的社会组织的生成过程与运作之路，接近法团主义理论描述的诸多特征。20 世纪 70 年代，菲利普·密斯特提出了法团主义的理论，他认为，法团主义可以被界定为一个利益代表的系统，在此系统中，构成单位被组织成一些单一的、义务的、非竞争性的、层级有序的、功能有别的有限团体，这些团体由国家认可并被赋予在其同行中的垄断代表权，以此为交换，国家对其领导人选择需求和支持的表达实行一定程度的控制①。

（一）组织性较强

组织性也可以描述为正规性。无论是“人合”的体育社团，还是“财合”的体育类民办非企业单位和体育基金会，都具有组织性。理论上讲，社会组织应该是合法注册的、规范化的，必须有名称、宗旨、负责人和理事会的产生程序及其职权范围、章程及其修改程序组织机构、管理规范、经常性活动以及终止程序等②。从自组织的理论讲，一个人的集合，经过了散乱、混沌、互斥之后，最终成为一个稳定的整体，这便是组织性。大量草根体育社会组织的存在，证明了其社会合法性问题，登记与否不应该是组织合法性的基础。数倍于以上组织数量的非法定体育社会组织，正是因为其组织性弱，在人员、资金、财产、办公场所、组织章程与制度等方面存在着不足，因而不具备登记为法定体育组

① SCHMITTER P C. Still the Century of Corporatism? ［J］. Review of Politics, 1973, 36 (1): 85 – 131.

② 黄亚玲. 论中国体育社团：国家与社会关系转变下的体育社团改革［D］. 北京：北京体育大学，2003.

织的条件，当然，这类非法定体育组织基本上是互益性的，不在本研究之列。体育类民办非企业单位作为连续地向社会提供体育服务的机构，组织性较强。由于公益与互益的差别，体育类民办非企业单位的被服务对象范围广泛，他们与民办非企业单位一般没有会员与会员之间的互益关系。因而，体育类民办非企业单位的人员相比互益性体育组织要少很多。管理心理学的研究表明，由人的集合所形成的组织，并非人数越多越稳定。体育类民办非企业单位较少出现体育社团成员之间可能出现的利益取向不一致的情况。组织性还体现为组织的治理结构是否合理，体育类民办非企业单位的内部治理结构，如理事会、监事会等往往是虚设的，并没有起到应有的作用。但是体育类民办非企业单位毕竟是按照社会组织的要求建构自身的组织、管理体系的。

规章制度在我国的社会组织管理中，是最容易流于形式的。管理工作的基本依据和手段是通过对组织正常运行的基本方面进行规定，以形成一个完整的框架，是单独分散的个人行为整合为集体化行为的必要环节①。全面、有效的制度应是一套涉及俱乐部管理各个方面的制度体系，在调研的青少年体育俱乐部中，90%以上的俱乐部建立了综合性的管理制度，但在具体的管理制度方面，很多俱乐部还有待完善②。

（二）民间性较强

民间性指的是这类组织发起于民间，虽可能受到政府财政支持，但

① 李先知，金兼斌．集体化共同圈：社交媒体的网络生态格局［J］．现代传播（中国传媒大学学报），2013，35（12）：149－150.

② 张晶晶．河北省业余排球俱乐部的现状调查及发展对策研究［D］．石家庄：河北师范大学，2011.

其发起成立、运作过程、价值取向，均是民间主体导向的。民间性缺失是我国各类社会组织的共性。组织的负责人由政府官员担任、兼任或指派。组织的大部分资金来源于政府，组织运作目的与过程受到政府引导或严厉控制监管。但是，这种非民间性不见得对组织是完全无益的。在我国政治体制变革的过程中，一部分机关单位裁撤合并，或转为事业单位，事业单位逐步开始进行分类管理，从资金来源方面，产生了全额拨款、差额拨款、自收自支事业单位等类型。在公益性体育社会组织中，一部分体育类民办非企业单位的民间性较强，但由于我国体育类民办非企业单位的发展恰逢事业单位改革，仍有部分民办非企业单位是从事业单位转型而来。实际上，在《体育类民办非企业单位登记管理暂行条例》公布之前，民间力量已经开始进入包括体育在内的一些事业领域。另外一部分体育类民办非企业单位，主要是指依托学校、体校和社区的青少年体育俱乐部、社区体育俱乐部，民间性较民间主导型体育类民办非企业单位差很多。青少年体育俱乐部多是学校内部成立的，因为学校本身具有事业单位的性质，国家体育总局和各级体育局通过申报、认定而资助了这类体育类民办非企业单位。一方面，使这类体育类民办非企业单位的发展有了一定的经济基础，各项工作开展比较顺利；另一方面，这部分青少年体育俱乐部的服务对象一般为在校学生，在承担本单位体育教学、体育课外训练等活动的情况下，很难再对社会体育有所贡献。因其按照国家和学校的体育政策规定来运行，主要业务领域局限在学校，组织的负责人、工作人员也一般由事业单位人员兼任，因此不可避免地出现一种国家导向的特征，所以，这类体育类民办非企业单位的民间性较弱，还不能很好地回应群众体育的需求或呼声。

（三）经营运作与非营利性并存

在探讨非营利性之前，有必要阐明非营利性和公益性之间的关系。非营利是从组织运作的角度说明组织性质，而公益性是从组织宗旨的角度说明组织性质。两个概念的另一端大致相当，非营利对应着营利，公益对应着私益。但是公益性还有一个同位的概念——互益性。互益性也是非营利的。非营利组织与公益性组织的关系如图 12 所示。

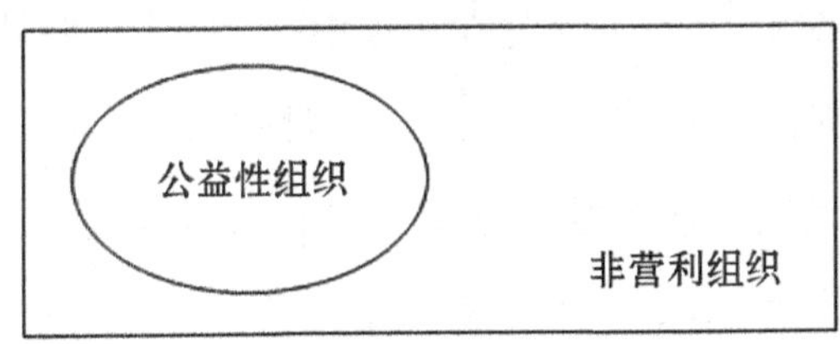

图 12　非营利组织与公益性组织关系图

对于社会组织非营利性的具体衡量指标有以下三个方面。第一，财产基础是基于捐赠的公益产权。因为财产基础决定了组织的产权属性，产权属性取决于组织的资产来源。因而，资产所有权与组织经营权不分离的社会组织，很难认为是非营利性组织。第二，社会组织要有明确的公益性或者互益性的宗旨。组织是否具有公益性，一是考察该组织的主要活动领域是否为社会公共事业范畴；二是开展活动或者提供服务的主要方式，是否主要采用了价格、竞争、利润等市场机制。第三，社会组织的资产和产生的利润，不得以任何形式转变为私人财产①。非营利性

① 王名，刘培峰，等. 民间组织通论［M］. 北京：时事出版社，2004.

指的是组织开展各项活动的目的是非营利性的，盈余不得分配。社会组织的非营利性指的是组织的性质是非营利性的，而不是指组织的活动形式是非营利性的。明确这一点，对于把握组织的非营利性至关重要。非营利性这一表述在实际操作中总有种种偏差，而实际上，对于盈余不得分配的把握也确实缺乏操作性。非营利性组织的经费来源，有很大一部分是通过向社会提供有偿服务来获得，这个提供服务的过程实际上是营利性的，但其与企业的区别就是，社会组织所获得的盈余不得在组织成员间分配，而必须投入到扩大组织规模中去。一个组织是否从事经营性活动，是否有资金盈余，不是判定其组织性质是否为非营利性的条件。国际奥委会是最大的体育社会组织，但它通过奥运电视转播权出售、TOP 计划等经营性运作，账面上有数十亿美金。对于非营利性的把握，并非仅在民间，甚至在国家相关政策中也有认识的欠缺或不足，从而造成了某些规章制度的冲突。例如，《条例》规定：民办非企业单位是从事非营利性活动的组织，但《办法》规定：体育类民办非企业单位为不以营利为目的的组织。显然，《条例》规定组织不能进行营利性活动不如《办法》规定组织的性质为非营利那么严谨。

（四）自治性不断提高

组织的自治性指的是组织对自身创立、发展等事项自行管理或处理，拥有全部或大部分的权利。组织是否拥有较高的自治性，取决于组织的发起、领导人的选任、资金的来源等方面。在各类公益性体育社会组织中，体育类民办非企业单位可以说是自治性最强的。在目前的一万多家体育类民办非企业单位中，除了受国家体育彩票公益金资助而发起成立的学校体育俱乐部、社区体育俱乐部以外，完全来源于民间的这些体育类民办非企业单位在自治性上是其他体育社会组织不能比的。同时，自治是一个相对的概念，任何组织，包括体育社会组织，都不能完全摆脱政府、法律的干预。自治性与民间性基本呈现一种正相关的关系。民间性越强的体育组织，自治性越强。对于组织而言，特别是在中国的现实国情下，具备一定的官方背景，或者领导人具备这样的背景，对于组织谋取资源、获得发展，是有一定的积极意义的。随着社会组织活力及自身造血能力的增强，这种对于政府的依附性或者说孱弱的自治性，已经开始影响组织的发展和社会功能的发挥。同时，缺乏自治性的社会组织也不是完整意义上的社会组织。前述国家体育总局资助青少年体育俱乐部的情况，行政部门的主要关注点是俱乐部的规模和运作的规范化程度，在俱乐部领导人、资金的其他来源、从事活动的类型与项目等方面未作过多要求。自治性与体育类民办非企业单位的发展呈正相关是未来社会组织与政府关系发展的趋势。

（五）志愿性尚显不足

公益性体育社会组织的志愿性可以从两个角度来探讨。作为组织整体，它有服务社会的志愿性。义工是英文“volunteer”的中文译法，也叫志愿者，起源于19世纪西方国家宗教性的慈善服务，在世界上已经存在和发展了100多年，本质是服务社会，核心精神是“自愿、利他、不计报酬”。义务工作的四个特征是志愿性、无偿性、公益性、组织

性[①]。体育类民办非企业单位，从广义上讲，它以较低廉的价格向社会提供服务，是具备社会志愿性的。它的员工，为付薪员工，但工资水平最多与当地事业单位持平。实际上，相当多的体育类民办非企业单位的带薪员工，往往只是把体育类民办非企业单位的工作当作自身工作的一部分，而不是体育类民办非企业单位的全职员工。因此，他们可以接受相比市场价略低的劳务薪资。也因为如此，可以认为他们的工作具有一定的志愿性。从总体上来讲，体育类民办非企业单位员工的社会地位并不高，也很难吸引业内最高水平的人员。这与当前我国就业的价值观有关，同时，目前体育类民办非企业单位所吸纳的员工，也与我国就业形势的紧张有关。就社会文化心理而言，我国志愿精神的缺乏，是目前体育类民办非企业单位发展的一大羁绊。体育类民办非企业单位为志愿者服务提供了宽广的领域。对体育类民办非企业单位这种非营利性社会组织来说，现阶段谋求获得较多的社会资金直接捐助是不现实的。民间公益热情的释放更有可能通过提供劳动力的形式捐赠，即志愿者劳动。同时，体育行业中志愿者由强烈的体育兴趣维系，志愿服务更加稳定、深入。

六、体育类民办非企业单位的作用

笼统地讲，公益性体育社会组织的作用均体现为促进社会公益。但

① 黎光寿．让中国充满志愿精神：专访北京大学志愿者研究中心主任丁元竹［J］．市民，2006（4）：54－56.

社会公益这一组织作用的发挥，与体育社会组织所处的历史时期、组织属性及运作方式有很大的关系。未来体育类民办非企业单位的进一步发展，在发挥作用方面的进一步强化，主要体现在三个方面。第一，通过政府与社会组织关系的不断调适，逐步形成社会服务中的伙伴关系，进而辅助政府协调体育的公共性、营利性与竞技性的关系。第二，从舆论监督到组织监督的转变，可以监督政府在体育经费使用中的合理性问题。第三，预防和纠正体育服务领域的政府失灵与市场失灵。据萨拉蒙等的研究，国外社会组织就业的平均规模占非农就业人口的5%，占所有服务业就业人口的10%，占所有公共部门就业人口的27%，相当于各国最大私营企业就业总和的6倍多。从1990年到1995年，在有时间系列数据的8个国家中，社会组织就业的平均增速为24%，而这些国家的同期总就业增速仅为8%，社会组织就业增速的绝对优势集中在卫生保健、社会服务和教育领域①。目前我国体育类民办非企业单位的存在，丰富了社会治理多元参与，成为政府公共体育服务购买的客体。提升社会体育开展的效率与效益，发展志愿者精神。一批同时注册为商业体育组织和体育类民办非企业单位的民间民办非企业单位，通过营利性与非营利性两种属性，在经济层面，扩大了自身影响，提升了社会声誉，拓展了业务范围，整体上增强了组织实力；在社会层面，不失为一种好的体育公益之路的探索。

依托学校、体校、体育场馆和社区的各级青少年体育俱乐部、社区体育俱乐部是官方发起的体育类民办非企业单位。经过十多年的发展，

① SALAMON L M, et al. Partners in Public Service: Government and the Nonprofit Sector in the American Welfare State [J]. Government, 1987: 35.

青少年体育俱乐部取得了一定的成绩。我国学校体育的开展，一方面，为了增强青少年体质；另一方面，是为竞技体育人才的培养提供摇篮。青少年体育俱乐部是我国人才培养的战略基地，也是我国学校体育的延伸。学校体育工作不只局限在体育课、课外体育活动、课外体育训练与竞赛等方面，还需要借助俱乐部的组织能力。青少年体育俱乐部作为我国青少年体育工作的主要阵地之一，成为提高青少年健康素质的载体，为青少年开展体育活动提供了服务平台、沟通平台和体教结合的平台。另外，青少年体育俱乐部具备的多元功能，即普及功能、提高功能、产业价值、社会价值、解决就业功能，满足了学生多元化的体育需求；普及与提高相结合在俱乐部的助力下，得以实践。某种程度上，青少年体育俱乐部还拉动了与学校体育、学生体育相关的体育消费，从多个方面建立和更新了学校的育人导向。青少年体育俱乐部基于业务的扩大，大多从社会聘请专职或兼职工作人员，提供一定的就业岗位，拉动了就业率。同时，青少年体育俱乐部具有的公益性质，能够提供志愿者岗位，为社会、学校公益能量的释放提供了渠道。

民间主导型体育类民办非企业单位在体育健身指导与服务、体育娱乐与休闲的技术指导与组织、体育人才培训与技术培训等领域发挥积极的作用。长期以来，我国体育事业被分为竞技体育、学校体育和社会体育三大领域。体育类民办非企业单位的业务领域集中在社会体育领域。从这三个领域对应的目标人群来看，体育类民办非企业单位面对的是人群规模最大的群众体育领域。体育类民办非企业单位在提升学校体育教育质量、优化学校体育场地设施管理，利用、倡导社会体育政策，推动社会体育氛围，拉动就业、提高体育产业方面，作出了很大贡献。它满足了人群中的弱势群体基本体育权利的实现和最低的体育需求，并以一种体育慈善的形式表达出来。希望工程、雪炭工程、青基会等的一系列体育公益事业，就属于这种类型。更高一个层次的体育社会需求，如学生多样化体育健身需求、社会成员的健身需求等准公共产品和服务的提供，也是体育社会组织能够做到的。

第五章　体育类民办非企业单位的案例分析

一、北京新时代青少年体质健康促进中心

北京新时代青少年体质健康促进中心（以下简称“新时代”）隶属于共青团中央，成立于2005年11月，在国家民政部登记，是专门从事青少年体质健康促进事业的全国性公益组织。2007年5月，全国亿万学生阳光体育运动领导小组办公室设在了此处。新时代是我国体育类民办非企业单位中为数不多的中央级体育类民办非企业单位，它具有很深的政府背景；从运作方式来看，更近乎事业单位。

新时代主要从事的工作有：第一，组织适合青少年广泛参与的体育活动；第二，整合社会资源，为青少年体质的全面提升创造服务平台，接受委托，承担青少年体质健康领域的科研工作，参与国家相关标准的制定与实施工作，建设青少年体育活动基地，开展面向青少年以及与青

少年体质健康领域相关人员的教育、培训和考核工作；第三，打造宣传平台，营造促进全社会都来关注青少年体质健康的良好氛围，联合出版部门策划出版青少年健康类的图书和杂志，建设并运营青少年健康网站，组织全国青少年饮食营养、体育锻炼、心理健康类的科普宣传与展览展示活动，面向青少年和社会传播“快乐、健康、团结、协作”的体育文化理念。

调研访谈了新时代主任刁铁民，专家贾志勇教授。

对于新时代组织性质的认识，贾教授说：

“我国只有两家属于中央级，部属。在名片上，可以显示‘国家级体育类民办非企业单位’。此国家级身份，在日常开展活动中具有一定的影响力、公信力。同时，这对民办非企业单位而言也是一种荣誉，也可以赢得较好的社会声誉。”

促进中心发展较好，具有深刻的官方背景。主要从事政策咨询（曾委托北京体育大学做过一些课题），作为阳光体育工作领导小组，承担每年的阳光体育运动会。主要资金为团中央拨付，同时还有一些企业赞助。对服务人群不收费，这是负责人认为的“公益”或“非营利属性”，贾教授认为：“钱多就多办点事，钱少就少办点事。”可见，在发展较好的体育类民办非企业单位中，资金问题也是制约其发展的巨大障碍。新时代负责人刁铁民认为，该民办非企业单位还有类似社团枢纽或者孵化器的功能，即帮助一些组织发展，起到中介之中介的作用。

刁主任认为，基层群众对公益本质的认识，基本还停留在福利这一概念上，还有很长的路要走。

“老百姓认为，收费的就不叫公益，公益也只能由政府提供，这种思想，还将持续。”

刁主任同时也比较清楚，像新时代这样高层次的体育类民办非企业单位，其负责人由国家行政干部兼任（或曾经的国家干部担任），是有悖于政社脱钩的改革方向的。但他坦言，他及他们的个人身份，其实是民办非企业单位的隐性资源，有助于民办非企业单位组织的发展，且暂时也找不到更加合适的民办非企业单位管理者。

该民办非企业单位共有员工 10 人左右，他们也面临着招聘员工的困境，能够支付的工资低，没有所谓编制，很难吸引人才。新时代的主要负责人，基本上是曾经的国家机关工作人员，有公务员编制，或者如专家贾教授（体育大学退休教师）。因此，他们个人对于能从民办非企业单位组织中领取多少薪水并不十分在意。贾教授原是体育高校教师，在民办非企业单位中的职务是“专家”。所有阳光体育的正式工作人员，没有理事长、理事等称谓。该民办非企业单位的房租、水电费是按照民用标准收取（办公地点在一个居民区里），这方面的费用支出对民办非企业单位来说资金压力较小。

由于该民办非企业单位是少有的国家级体育类民办非企业单位，又处在首都北京，实质上为体育部门、共青团行政部门行使了诸多职权，因此，该民办非企业单位未被征税。新时代作为中央级体育类民办非企业单位，其公信力、资源等方面是非常具有优越性的。但是这样的体育

类民办非企业单位在民办非企业单位中占的比例极小，其成立与整个运作过程与政府事业单位几乎无差别。

二、山东凤凰青少年足球俱乐部

山东凤凰青少年足球俱乐部是2015年1月成立于山东省泰安市的一家青少年足球俱乐部。俱乐部属非营利性俱乐部，注册为体育类民办非企业单位。该俱乐部虽处在三线城市，但俱乐部的运作理念与投入等方面均有较高水准。特别是该俱乐部为完全的民间资本发起运作，服务对象广泛、多元，按照一定商业模式经营管理。俱乐部由一线足球教练员专职带队，与山东鲁能、广州恒大、江苏舜天等中超球队深度合作。创立多种机制，选派最优秀球员进入更高水平的球队。对于球员，以年龄和基础分班，循序渐进训练学习。建立固定赛制，基地、俱乐部、全市各级别比赛经常进行。通过赛场磨砺，提高会员素质，提高学习成效。首创素质教育专家入会制度：重金特聘心理学专家、情商专家等，与总教练一起，研究制定科学的训练计划和方法。打造了一支有爱心、有耐心、有事业心，又很用心的教练员团队。寓教于乐，寓教于球。首创会员全方位跟进制度：教练组全程走近每个球员，观察记录球员各种表现，掌握一手数据，了解球员特点，及时纠正，适时鼓励，并制定相应的教育方案。为每个球员建立成长档案。首创家长俱乐部互动模式：组建家长俱乐部，鼓励家长全程参与，通过亲子训练、比赛等活动，加强父母与孩子之间的交流和互动。建立交流机制，不定期组织球员到外地参观学习和比赛，邀请外地优秀教练员和优秀球队来泰安指导交流。俱乐部首创足球奖学金制度，奖励在训练和比赛中表现优秀的球员。学生球员获得所在学校校级、区级、市级三好学生等奖励，俱乐部也会做出相应表彰，鼓励球员们品学兼优。对球员所在学校、班级给予支持，包括赠送足球、体育教师免费培训、专业教练员进学校免费授课等。鼓励班级和学校集体报名、集体训练，带动本学校校园足球更快发展。俱乐部具有良好的美誉度，长年与国内某知名门户网站、泰安电视台、泰山晚报等媒体战略合作，重要活动及时跟踪报道。俱乐部与山东掌控传媒强强联合，通过专业的活动策划、摄影摄像，记录和整理球员的成长瞬间和快乐时刻。

访谈对象为凤凰俱乐部赵斌总经理、泰安市足协秘书长李叶剑、教练员李明楚等、俱乐部黄姓家长。

在访谈中，赵斌总经理及俱乐部教练员、足协负责人等普遍认为足球发展遇到了好的机遇（校园足球热）；人民经济水平、生活水平提高，参与足球活动的热情高涨；俱乐部登记为体育类民办非企业单位。赵斌总经理认为：

“‘非营利性’是‘收支平衡’，也是应该被允许收费的。”

俱乐部经营状况一般，目前主要问题是没有自己的场地，投资建设困难较大，主要担心后期成本回收问题；使用免费场地的话，又与俱乐部的收费产生矛盾；俱乐部主要支出是教练员薪资及外出比赛产生的费用；教练员基本都是兼职；培训球员的收费较低（一年几百元左右），

很难维持俱乐部日常开销；税务部门未给予任何优惠。赵斌总经理表示："没有收入就没有税收，税务部门对这样的俱乐部怎么课税也不是很清晰。"俱乐部由赵斌总经理个人出资，登记注册时相对顺利。俱乐部负责人比较看重足球团队教育对球员身心、社交等方面的影响，并期望以此扩大俱乐部的影响。

该俱乐部虽为民间出资，但与政府关联较强。俱乐部负责人同时作为国内某知名门户网站、山东频道总经理，多重身份融合资源，俱乐部工作应该是其副业。这种兼职应该比政府官员兼职社团有意义、有效率。俱乐部与国内某知名门户网站山东频道紧密合作，利用互联网自媒体扩大宣传，节省了平面媒体高额广告费用。与政府有一定合作，同时又有些尴尬——体育系统提取不到管理费，但俱乐部在收费，双方关系微妙。近期政府部门各方面改革、治贪举措力度大、条框增多，很多人无为而治的态度明显。赵斌总经理认为，"社会上的艺术琴类、跆拳道、健身等俱乐部大量收费，而足球项目收费低廉，是足球项目的廉价性特点决定的。凤凰俱乐部也可以登记成商业俱乐部，但收费同样会困难。"足协秘书长李业健认为，"足球如果能纳入升学考试体系中，将会被社会、学生家长高度重视。"该俱乐部师资力量较强，大多数年轻教练员具有专业训练背景，这也是一个体育专业人才就业的新方向。因教练员系统有严格的政策，吸引公办学校，尤其是高中、大学的教师作为教练员，则只能选择节假日。

作为一家新成立的纯民间运作的体育类民办非企业单位，初创阶段的经营策略以扩大影响、提升知名度为主题。较低的收费难以维系俱乐部的正常运作，俱乐部员工的兼职身份、较低收入，使他们更多的是因项目的趣缘性质而走到一起。对足球项目的热爱以及“做点事情”的创业精神是支撑俱乐部运作的动力。民间性强但经营能力弱，俱乐部与政府部门的联系较少，得不到财政支持。有些地方行政部门甚至认为其收费运营与商业部门无异。孱弱的基础，更难得到政府体育公共服务职能的转移。

三、山东黑骏马健身俱乐部

山东黑骏马健身产业集团公司（以下简称“黑骏马”）是一家以体育为主导产业的公司，由下属七家分部组成：黑骏马健身俱乐部、黑骏马运动及体适能健身学院、黑骏马健身器械公司、黑骏马健身房专业配置中心、黑骏马国际瑜伽学院、圣地禅韵瑜伽会馆和黑骏马健康管理公司。该俱乐部创建于 2000 年 5 月 1 日，坐落于山东省济南市①。黑骏马是济南市第一家健身俱乐部，由最初只有 3 名员工、300 平方米的健身馆发展到全国 62 家分店。俱乐部在济南市有 5 万会员，员工超过 400 人，是具有较大影响力与号召力的体育品牌。该俱乐部是商业实体运作较成熟后，另外注册的体育类民办非企业单位，属于企业办民办非企业单位，其运作方式更近乎企业。俱乐部经理车俊儒先生是健身运动员出身，深谙体育与商业领域发展规律。

调研访问人员为山东省政府政策室副主任、山东大学体育学院孙晋

① 本刊记者．甘做中国健美健身事业的铺路石：记山东黑骏马健身发展有限公司董事长车俊儒［J］．新世纪领导者，2010（4）：44－45.

海院长及王飞副院长、山东省体育局体育产业中心毕明军副主任等。

关于俱乐部性质，车总经理认为：

“当黑骏马作为一个商业健身俱乐部运作比较成功以后，相关部门的政策引导，使其继而注册了体育类民办非企业单位。特别是在举办一系列赛事、落实社会力量办体育有政策优惠时，会得到一些方便。”

车总经理曾是运动员，希望自己的公司将体育局作为业务主管单位。黑骏马这样的一个多重身份，也带来一些弊端。最明显的是各级政府对非营利俱乐部的认识、管理有不一致的地方。工商部门甚至不认可民政部门对该俱乐部的非营利登记，所以还按照商业部门课以 7% 的所得税和每月 3000 元定额税。黑骏马经常要面临多个部门的管理，民政、体育、工商、消防、卫生等。早前作为社会组织，因国家的非营利部门财务制度欠缺，收取会费时无法开具发票。车总经理讲：

“消防部门甚至按照 KTV 等娱乐行业标准，对其安全措施进行要求。目前，俱乐部在消防方面的投入已经超过 60 万。卫生防疫部门要定期收取排污费。因为俱乐部租用的银座商城八一店所在大楼的电梯合格证遗失，消防稽查大队曾要对黑骏马处以 30 万的罚款……

俱乐部搞赛事活动需向体育局打报告审批，赛事审批权放开的政策目前在山东省尚未落实。作为体育类民办非企业单位，体育局是其业务主管部门，在赛事审批方面，相对比较方便。”

俱乐部的主要支出为员工薪水、派队外出参赛费用、房租、水电费等。因为其早前的商业性质，俱乐部员工的月薪平均为6000~7000元，私人教练员甚至高达2万~3万元，俱乐部还为职工缴纳养老保险。员工薪资是俱乐部运作的最大支出。车总经理坦言：

“俱乐部会员基本上是高端客户，只有支付给员工高工资，才能提升服务质量，延续公司发展。外出参赛费用也是较大的一块支出，但是俱乐部愿意负担，通过比赛可以扩大俱乐部知名度，吸引更多客源。”

黑骏马从2001年开始代表山东省参加全国健美比赛，2006年更是获得了全国健美锦标赛和健美公开赛的双冠。俱乐部房租也是比较大的成本支出，调研所在的济南八一店处市中心繁华地区，店面面积2000平方米，一年租金12万元人民币。另外，所缴纳的水电费是按照店面房产所有者身份，以商业用水、用电缴纳（水：7元/吨，电：1.2~1.3元/度），供热按照30元/平方米缴纳，均高于普通民用供热缴费标准。

黑骏马能够注册为民办非企业单位，是因为其多样化的经营策略。除了上述俱乐部负责人介绍的高端会员及门店，俱乐部还拥有其他不同的产业定位，在一些人口聚集的社区，开设300~400平方米的“迷你型”俱乐部（Mini-club），既方便了群众健身，又响应了政府建设10分钟健身圈的号召。这类俱乐部面积较小，没有淋浴等边缘设施，收费相对低廉。例如：黑骏马曾经推出的“365健身”，每天花1元钱便可到俱乐部进行健身。这也是通过合理的运作方式，体现了较高的公

益性。

黑骏马俱乐部在教练员引进与培训方面也进行了大胆的尝试。俱乐部发现大量的体育专业毕业生并不具备较强的健身教练员素质，因此开办了自己的体适能健身学院。为即将来俱乐部工作的毕业生提供岗前培训的机会，同时为社会培养健身人才。健身学院向每人收取 2000 元学费，规定在学员工作 2～3 年后返还给学员。此举体现了企业（民办非企业单位）很强的社会责任。

第六章　体育类民办非企业单位的运作难题

一、组织外部的问题

（一）法律制度的欠缺与不足

1. 财团法人制度的缺失

作为大陆法系国家，在《中华人民共和国民法通则》中，将法人分为四种类型：机关法人、事业法人、企业法人和社会团体法人。机关单位、事业单位、社会团体和企业单位的分类，主要是按照生产功能，即生产活动的领域来分。事业单位主要是从事教育、科技、文化、卫生（通常简称“教科文卫”）领域的活动[1]。因为同是体育社会组织，我国

① 齐红．单位体制下的民办非营利法人［D］．北京：中国政法大学，2003.

的体育类民办非企业单位经常被看作体育社团。总体而言，我国的体育类民办非企业单位比社团更具有民间组织的特征。从发起过程来看，体育社团是一种人合组织，即因人的聚合而组成的群体。其服务对象也指向组织内部，一般而言，是互益性的。如各种球迷协会、自发性体育组织、健身活动站点、网络体育组织均属于体育社团。省及以上的很多体育社团，如中国足协、中华全国体育总会等，属于调节性社团，是公益性质的。体育类民办非企业单位并非像体育社团那样，是人的聚合，它是财产的聚合，自身没有会员，服务对象指向组织外部，因而是公益性的。因为我国没有财团法人的法人类型，很多时候，将体育类民办非企业单位归入社会团体法人，因而其财产属性及其公益性都被混淆了。

2. 立法不足与制度冲突

1995 年颁布实施的《体育法》是我国唯一一部关于体育的国家法律。诸如一些法律，具有较强的原则性、规定性和导向性，而在实践上往往可操作性较低。在《体育法》中，第二条规定：国家发展体育事业，开展群众性的体育活动，提高全民族身体素质。第三条：国家推进体育管理体制改革。国家鼓励企业事业组织、社会团体和公民兴办和支持体育事业[①]。关于体育社会组织的规定，集中在第五章第三十六至四十条，主要介绍了体育社团。但是其他两类体育社会组织，体育类民办非企业单位和体育基金会则根本没有提及。中国公民社会制度环境的一

① 国务院法制局教科文卫司．中华人民共和国体育法［M］．北京：中国民主法制出版社，1995：42－45.

大特征是制度剩余与制度匮乏同时并存①。国家及地方颁布的各种政策有一定的重复、交叉，但是，又缺乏一般性法律和有针对性、操作性的法规；另外，一些先行法规政策在实际生活中已经较难适用。1989 年《社会团体登记管理条例》《条例》、2004 年《基金会管理条例》等相关政策的颁布，在某种程度上是基于特定的历史事件与背景，政策突出强调的是管制性，而且这些政策法规的一个显著特点是立法位阶较低，对某些问题的处置乏力。可以说，相比于目前社会组织的发展，制度已经落后于实践。再者，以上这些政策法规均为行政性法规，行政法规与法律二者性质不同：法律是一个国家中各种共识形成和利益平衡的结果，而行政法规主要是为政府的行政便利服务②。

3. 组织的名称与宗旨难以把握

《条例》第二条规定：本条例所称民办非企业单位，是指企业事业单位、社会团体和其他社会力量以及公民个人利用非国有资产举办的，从事非营利性社会服务活动的社会组织。《办法》第二条规定：本办法所称体育类民办非企业单位，是指由企业事业单位、社会团体、其他社会力量和公民个人利用非国有资产举办的，不以营利为目的的，以开展体育活动为主要内容的民办的中心、院、社、俱乐部、场馆等社会组织。《条例》和《办法》的第二条分别对民办非企业单位和体育类民办非企业单位进行了界定。但《条例》认为，“民办非企业单位……从事

① 俞可平．中国公民社会：概念、分类与制度环境［J］．中国社会科学，2006（1）：109－122.

② 王名，金锦萍，黄浩明，等．社会组织三大条例如何修改［J］．中国非营利评论，2013（2）：2－27.

非营利性社会服务活动的社会组织”一说，却不如《办法》中“体育类民办非企业单位，是指……不以营利为目的的……社会组织”更加到位。《条例》规定了民办非企业单位的社会服务活动是非营利性的，而《办法》规定民办非企业单位的组织性质是非营利性的。就体育类民办非企业单位的名称而言，“民办”“非企业”，这采用的是一种否定式的定义方法，从逻辑学的角度讲，这不是一种适宜的定义方法。因为说明一个事物“不是什么”不等于说明了它“是什么”。但对于体育类民办非企业单位的定义，在介绍了成立主体、非营利性以后，又进一步说明了哪些是体育类民办非企业单位，这种列举的定义方法有助于社会实践中人们更好地把握。

在目前大力提倡体育社会组织承接政府转移职能的背景下，在《中华人民共和国政府采购法》（以下简称《政府采购法》）中，体育公共服务未被列入采购范围中，而社会体育组织也未被视为购买客体，还不能满足各级政府购买体育公共服务的制度需求①。按照国务院办公厅的要求，民政部已于2013年12月底之前完成《社会团体登记管理条例》《基金会管理条例》和《条例》（以下简称“三大条例”）的修订，社会组织直接统一登记的法律障碍将被清除。但三大条例的修订以及民间期待已久的《社会组织法》均没有按时出台。民政部委托所做的三大条例修改稿仍存在一定问题。后来国务院法制办重新牵头，开始酝酿政策修订。

---

① 秦小平，陈云龙，王健，等．我国社会体育组织发展路径：基于政府购买体育公共服务的视角［J］．上海体育学院学报，2014（5）：1－4.

（二）运行监管体系欠缺，监管乏力

《国务院机构改革和职能转变方案》指出，四类社会组织的成立，直接向民政部门依法申请登记，不再需要业务主管单位审查同意。前置审批的取消，体育行政部门由业务监管部门变为业务指导部门。取消前置审批激发了社会组织登记注册的活力。国家有计划地逐步放开社会组织的登记注册，一方面，考虑社会力量在参与社会管理、提供社会福利方面的重要作用；另一方面，也要防止放开后一部分社会组织存在以不正当手段攫取社会资源，对商业领域构成不正当竞争，甚至违法乱纪，做危害国家和人民权益的事情。从技术上讲，放开社会组织登记，可以让社会组织自主发展，但某些领域的组织并不一定具备自我发展能力。体育社会组织及体育类民办非企业单位提供服务满足大众体育需求，如举办赛事等大型社会活动，但如果缺乏国家相关行政部门的协调，仍存在很大困难。

运营是体育社会组织存在的一种状态，组织的运营过程在效率和效果上可以体现为达成与未达成、高效与低效。我国社会组织的管理制度，重准入而轻扶持与监管。体育社会组织登记的高门槛，已将相当一部分致力于服务体育社会需求的体育公益组织拒之门外。目前，对于体育类民办非企业单位的运行监管，主要是通过年检的方式进行。《民办非企业单位年度检查办法》于2005年3月29日公布，自2005年6月1日起施行，主要是对民办非企业单位的财务状况、资金来源和使用情况、机构变动和人员聘用情况进行检查。检查结果分为“合格”“基本合格”和“不合格”三种。它规定了十三种“基本合格”与“不合

格”的情况：第一，违反国家法律、法规和有关政策规定的；第二，违反规定使用登记证书、印章或者财务凭证的；第三，本年度未开展业务活动，或者不按照章程的规定进行活动的；第四，无固定住所或必要的活动场所的；第五，内部管理混乱，不能正常开展活动的；第六，拒不接受或者不按照规定接受登记管理机关监督检查或年检的；第七，不按照规定办理变更登记，修改章程未按规定核准备案的；第八，设立分支机构的；第九，财务制度不健全，资金来源和使用违反有关规定的；第十，现有净资产低于国家有关行业主管部门规定的最低标准的；第十一，侵占、私分、挪用民办非企业单位的资产或者所接受的捐赠、资助的；第十二，违反国家有关规定收取费用、筹集资金或者接受使用捐赠、资助的；第十三，年检中隐瞒真实情况，弄虚作假的。应当进行整改，整改期限为 3 个月。整改期结束，民办非企业单位应当向登记管理机关报送整改报告，登记管理机关对整改结果进行评定并出具意见。从给定的三级年检结果来看，政府对于民办非企业单位的管理适度放松。因为相当一部分民办非企业单位在运作中面临比较大的困难。尽管第十三条规定了在年检过程中弄虚作假，年检将面临不合格，但是民办非企业单位在实际操作中，仍可以变通地处置某些问题和因素而通过年检。特别是体育类民办非企业单位中，有三分之二左右是政府主导发起的，这种评估难以起到作为第三方客观、有效的监管。这时就需要更加客观公正的监督评估机构。

社会监督亦必不可少。体育类民办非企业单位的内部治理结构中，应该包含理事会、监事会等，既有决策机构，又有执行机构和监督机构。对于体育类民办非企业单位的监管，在理论上，应该既包含自我监管，也包含外部监管、舆论监督、第三方监督等。目前的社会监督，主要体现为社会舆论监督：依托发达的互联网技术，曝光各类公益性社会组织的黑幕，引发强烈的社会反响。中国红十字会郭美美事件便是其中的典型。但是，从社会组织，包括体育类民办非企业单位的角度来审视社会舆论监督，又会发现这种监督是亡羊补牢式的事后监督。同时，媒体对负面信息的选择性加工，扩大了不利影响，给组织带来的打击也是沉重的。因而，社会监督应继续从多个方面逐步完善。目前面临的问题主要集中在以下几个方面：第一，监督的乏力；第二，监管标准确立困难；第三，第三方机构的缺失；第四，多事后监管，缺乏事中及事前监管。

据上海交通大学国际与公共事务学院、上海交通大学第三部门研究中心与民政部民间组织管理局、民政部民间组织服务中心所做的一项2013年度全国性行业协会商会、全国性公益类社团、基金会和民办非企业单位评估[①]显示，只有一家全国性民办非企业单位参评，获得3A等级，多数组织的评定等级在3A以下。尽管全国性民办非企业单位（登记在民政部的中央级民办非企业单位）数量比全国性社团少很多，此评估也不包含体育类社会组织，但这个评估的数据一定程度上说明了在社会组织中民办非企业单位发展相对落后。

对于体育类民办非企业单位的评估，基本来自组织内部或与组织有密切关联的政府机构。因为体育类民办非企业单位在某种程度上是政府职能的延伸，相当一部分体育类民办非企业单位是政府主导发起的，因

① 徐家良，廖鸿．社会组织蓝皮书：中国社会组织评估发展报告（2013）［M］．北京：社会科学文献出版社，2013.

而，政府对体育类民办非企业单位的评估和监管缺乏客观性。因此，更多地引入社会监督、舆论监督就显得尤为重要。舆论关注是体育类民办非企业单位建立社会公信力的重要方式。据国家体育总局青少司调研所得：国家体育总局资助的青少年体育俱乐部，在资助的三年时间里，并没有相对固定地对受资助俱乐部进行监管。只是能够申报为国家级或省级青少年体育俱乐部的体育类民办非企业单位，整体而言运营状况尚好。通过属地化的管理方式，这些俱乐部向当地民政部门报送年检和接受当地体育行政部门的业务指导。

（三）社会公信力不足

公信力即使公众信任的力量[①]。公信力是指在社会公共生活中，公共权力面对时间差序、公众交往以及利益交换所表现出的一种公平、正义、效率、人道、民主、责任的信任力[②]。公信力是体育类民办非企业单位无形资产的组成部分。作为公益性社会组织，体育类民办非企业单位本身具备一定的公信力基础，同时需要在体育类民办非企业单位运作的过程中，不断加强自身公信力，以期获得政府的认可——增加购买服务力度，和民众认可——接受服务客体的拓展方面有更进一步的发展。目前，体育类民办非企业单位的公信力水平低下：一是社会认知水平低下；二是媒体负面报道对社会组织的不良影响；三是体育类民办非企业单位不注重组织正面社会影响力的培育。

---

① 中国社会科学院语言研究所词典编辑室．现代汉语词典［M］．6版．北京：商务印书馆，2013.

② 白文菊．如何提升媒体公信力［J］．群文天地，2015（5）：114－115.

体育类民办非企业单位的声誉与社会公信力等方面是体育类民办非企业单位的资产之一。体育类民办非企业单位的发起人和从业者一般具有一定的体育经历，他们丰富的体育业务知识是一家体育类民办非企业单位存在的必要的智力财富与无形资产。以体育服务业、体育健身指导、体育赛事举办为主要业态的体育类民办非企业单位，社会效益的产出主要依靠民办非企业单位管理者对业务活动的创造性管理，这也包含着智力付出。但这些还不是决定一家体育类民办非企业单位社会认同与社会公信力水平的主要因素。民众对社会组织公信力的刻板印象主要来源于其提供服务的定价水平以及媒体的负面报道。

2011 年红十字会郭美美事件，使中国红十字会作为中国最大的社会慈善组织而蒙羞，社会公信力急剧下降，多地红十字会所获捐款锐减，部分地区一个月所获捐款还不及平时的十分之一[①]。据报道，汶川、玉树灾区的善款使用也出现了一些问题。人们对于社会慈善机构的美好愿景开始破裂。为何？尽管社会组织在应对政府失灵和市场失灵方面体现了很大的优势，但社会组织自身也面临着失灵。萨拉蒙认为“志愿失灵”有三个方面的内容：①心理层面的慈善不足；②相关慈善活动的狭隘性；③组织管理方式的家长式作风、科层制等问题，也会有慈善能力不足带来的业余性[②]。媒体对中国红十字会腐败现象的关注，其实只是集中在社会组织志愿失灵的一个方面，即负向偏离。社会组织志愿

① 许宁．体育类民办非企业单位法律地位及发展困境探析［J］．浙江体育科学，2014（5）：7－9，15.

② SALAMON. L M. Partners in public service：Government－nonprofit relations in the modern welfare state［M］. Baltimore：Johns Hopkins University Press.

失灵还存在另一种情况，即由于技术原因导致的效率低下甚至效果偏差，这种称作正向偏离。体育类民办非企业单位的发展状况造成目前体育类民办非企业单位的人员结构中，专业性人员比例较低，对社会体育进行创造性管理的才能严重欠缺。体育公共服务的效果评价，很大程度上来自被服务对象的主观感受，因此，整体而言，社会对体育类民办非企业单位提供服务的效果评价不高，也影响了其社会公信力。媒体对社会公益、体育社会公益的报道不足，基层民众甚至无从知晓什么是体育类民办非企业单位、什么是非营利性体育俱乐部。因此，大众传媒在树立体育类民办非企业单位社会公信力方面，做得远远不够。在现实中，体育类民办非企业单位等体育公益组织的运作状况、资金、人力资源等问题，以及缺乏比较成熟的社会信息披露机制，对民众来说相当神秘。此时，媒体选择性的报道，受众选择性地接受社会组织的负面新闻，更使体育类民办非企业单位的社会公信力雪上加霜。这些可以认为是来自社会的负面影响。在体育类民办非企业单位的运作过程中，国家体育总局利用彩票公益金发起创办的各级青少年体育俱乐部，有6000多家被命名为“国家级青少年体育俱乐部”。在名称上冠以“国家级”，并非指这些俱乐部的业务主管单位是国家体育总局且民办非企业单位是登记在民政部的“中央级”体育类民办非企业单位，而是在某种程度上，政府以行政权力赋予这些俱乐部组织威信，希望提高其社会公信力。另外，在体育类民办非企业单位年检及其他评估过程中，授予体育类民办非企业单位星级标准，也是官方赋予民办非企业单位公信力的一种方式。

社会公信力的获得，应从两个方面深化。第一，加强各种渠道的宣传，特别是电视媒体和互联网自媒体。将体育类民办非企业单位组织性质、业务领域、从事的各项社会服务活动、价格及经营成本与收益经媒介向社会展示。第二，加强信息披露。这是树立体育类民办非企业单位公信力的重要途径。正是因为正常的、正面的信息没有常规性的披露机制，当媒体报道社会组织负面消息的时候，才会产生公众选择性接受信息的结果。当前主要的问题并非体育类民办非企业单位运作过程中存在违规或不良取向，而是组织还没有从繁重的业务性事务中解脱出来，还没有认识到信息披露对树立组织公信力的强大作用。只有消除神秘感、加强公众认知，才能逐步树立体育类民办非企业单位的社会公信力，同时，这也会起到监督组织运作的客观效果。

（四）行政部门之间的协调管理

体育俱乐部由体育行政部门管理，与传统教育部门存在一定壁垒。青少年体育俱乐部的正常运营过程，诸如对周末提高式的学生体育训练活动的收费行为，人们可能将之与传统认识的教育乱收费联系起来。调研过程中了解到：逢上级教育部门检查，青少年体育俱乐部常会将自己的牌匾取下，以避免过多的解释。这对于青少年体育俱乐部的经营运作是非常不利的，也可以解释为什么青少年体育俱乐部只有10%有经营盈余。在受资助的青少年体育俱乐部中，有3.7%没有注册为任何组织。在对体育总局总局青少司工作人员访谈的过程中了解到：目前对组织性质的要求并不十分严格，对青少年体育俱乐部的评价是从效益取向出发的。只要俱乐部发展较好，登记与否或登记成什么类型并不是最重要的。目前青少年体育俱乐部缺乏的是运作方面的经验。同时，对于民

办非企业单位或社团很多方面的优惠政策落地不好。社会上有许多既不了解公益，也不了解国家关于体育类民办非企业单位政策的商业体育俱乐部发展很好。国家体育总局希望未来做好这样一个中介，这些运作能力更强的俱乐部能够成长为社会企业，能够深入学校，为学校师生、为体育教学与课外体育锻炼、竞赛提供更高效、更优质的服务。国家体育总局希望通过尽快建立全国青少年体育俱乐部联合会，来统筹管理既有组织。

中国人均社会组织数量严重缺乏，即便在直接登记以后，也没有出现“井喷”式增长，重要的是我们需要搞清楚，从顶层设计到社会现实，政策落地的过程中究竟发生了什么？通过分析，主要有以下几个方面的原因：第一，政策本身的问题。有些相关政策中的某些条款有时存在冲突。这与社会的快速发展、新事物爆炸式涌现有关。我国学者对“体育”概念的探讨从未停止过，但一直都没有相对统一的观点。基于事物原点的困惑，出台的相关政策出现偏失是极有可能的。第二，下层理解力的问题。政策往往宏观，具有相当强的前瞻性。在中央与地方、各部门之间既存的信息不对称的情况下，对宏观政策的具体化过程中，也会出现实践偏差。第三，制度惯性。宏观政策具有相当的稳定性，在我国复杂、独特的制度与行政成本体系中，制度变迁的推动是相对困难的。

二、组织内部的问题

（一）组织人员短缺，构成不合理

人员紧张是体育类民办非企业单位发展中非常大的一个制约因素。服务社会，促进自身员工自我价值的实现，是体育类民办非企业单位的发展导向。体育类民办非企业单位的工作人员与体育社团的会员有很大差别。互益性的体育社团活动目的指向组织内部，其组织活动具有非连续性，参与者不需要因社团活动而占据较多的工作或生活精力。民办非企业单位的人员往往是全职的，所以，规模较大的体育类民办非企业单位仍然较少。另外，体育类民办非企业单位中的人员结构也不合理。从社会组织的内部治理结构来看，组织应该包括决策层、执行层、监管层等几个方面。结合体育类民办非企业单位发展业务的需要，同时应该包含技术、财务、外联等部门。但目前我国登记的大部分体育类民办非企业单位，规模都相对较小。它们的注册资本在5万元以下的占了大多数，（特别是民间主导型体育类民办非企业单位），这样的组织规模，不可能吸引大量的体育人才到这个领域就业。影响体育类民办非企业单位吸纳人才的因素，主要有两个方面：第一，传统的就业观念强。求职人员要么进入所谓的体制内，在政府、事业单位就职，要么进入市场领域，在企业工作或自主创业（商业领域）。真正愿意到第三部门就业的人很少，或者根本没有主观愿望，或者有热情而没有能力。第二，目前

整个社会给予社会组织的发展空间仍然有限，特别是政府及社会资本的投入太少，组织资金状况捉襟见肘，能够支付给员工的工资太低。所以，造成了现在很多体育社会组织的三无问题，即无场地、无经费、无人员。我国体育社会组织的人员构成包括专职人员、兼职人员（或临时人员）、志愿者三种类别。从调研结果看，大部分体育社会组织的工作人员是兼职，专职工作人员平均不足1.5人，政府部门的在职领导兼任体育社团管理者占60%以上，普遍存在缺乏专业人员、年龄老化、女性偏多的现象；体育类民办非企业单位中，专职工作人员占比较高，但其体育专业化、职业化程度不高；志愿者多数是服务于全民健身活动站点的“社会体育指导员”及自发性体育社会组织的“热心者”①。现有的调查表明，在体育类民办非企业单位中，正式员工与兼职或临时性员工的比例能够达到1∶3。体育类民办非企业单位的服务功能并不一定能够实现连续性，因此在业务较繁忙时，从社会临时招聘兼职人员，可以减少工资支出。

行政领导在体育类民办非企业单位中兼职是组织获取资源的一种途径。除了行政领导，短期内脱钩政策的规定，可能意味着体育类民办非企业单位不一定能找到合适的管理人员。民办非企业单位发起人的兼职状况，使体育类民办非企业单位章程示范文本中规定的必须设立理事会、监事会的制度基本形同虚设。维持体育类民办非企业单位，特别是民间主导型体育类民办非企业单位日常运作的，一般是发起人。

---

① 国家体育总局.《中国群众体育发展报告（2014）》发布.［EB/OL］（2014－08－05）［2016－7－15］. http：//www. sport. gov. cn/n16/n1077/n1227/5578172. html.

（二）资源匮乏

青少年体育俱乐部的运作中，经费、场地设施、会员发展等方面问题比较突出。青少年体育俱乐部目前的经费有单一和多元两种形式。单一形式，即主要依靠体育彩票公益金和政府资助（占 47.8%）。多元形式有体育彩票公益金、政府拨款、社会人士捐款、企业赞助、会员会费、依托单位拨款、经营创收等多种渠道（占 58.2%）。除了体育彩票公益金对俱乐部创建的支持外，俱乐部自创建以来接受资金捐赠或资助的强度也处于较低的水平。接受过万元以上捐赠或资助的俱乐部不到 40%，接受过 10 万元以上资助的只有 10.7%。俱乐部接受物品捐赠或资助的情况同样不容乐观。过半数的青少年体育俱乐部没有接受过任何捐赠或资助。在接受过物品捐赠或资助的青少年体育俱乐部中，多数俱乐部接受的物品形式是体育器材，其中 82.7% 的俱乐部接受过这种实物。会员发展方面，我国青少年体育俱乐部的会员主要包括个人会员和团体会员两种。会员发展主要集中在个人会员上，俱乐部对于团体会员的开发不够理想，将近 75% 的青少年体育俱乐部团体会员在 10 个以下①。

从登记注册资金来看，大部分体育类民办非企业单位规模很小。发起资金、规模较小只是影响体育类民办非企业单位发展的一个方面。《办法》规定，体育类民办非企业单位的资金来源中，除了通过提供有偿服务获得报酬外，其他很难成为有效的资金来源。由于我国文化中缺

---

① 骆雷，吕笑蓉，李益群．我国青少年体育俱乐部的发展现状研究［J］．中国体育科技，2006，42（3）：40－43.

乏现代公益的基因以及经济发展水平的限制，社会公益捐赠水平非常低下。有研究表明，2002 年，中国人均捐款仅为 0.92 元，相比之下，2003 年美国人均捐款为 828.7 美元。即便在发达国家，社会组织的主要收入来源也是政府。2003 年，美国所有社会组织的经费收入中，政府资助占 49%①。由此看来，我国体育类民办非企业单位发展的资金掣肘是非常明显的。体育类民办非企业单位在以低廉的收费负担着员工薪资、房租、水电费、税款等，维持着组织的运作。体育类民办非企业单位难以获得政府财政支持，使发展的道路更加窘迫。国家体育总局资助的青少年体育俱乐部，在成立时受体彩公益金支持。成立的前三年，国家资金资助总额为：西部地区俱乐部为 18 万元，东中部地区俱乐部为 6 万元②。大部分的民间主导型体育类民办非企业单位得不到国家行政性资金支持。发达国家的经验表明，即便是在美国等西方一些社会慈善发达国家，财政拨款仍是社会组织的重要资金来源，有超过一半的资金来源于政府。

技术缺乏的问题在民间主导型体育类民办非企业单位中尤为突出。从体育类民办非企业单位内部人员年龄结构来看，一大部分人是退休后投身社会体育事业，他们的价值观念、业务水平、社会信息的获取能力等方面存在一定的不足，而年富力强的高校体育专业毕业生投身体育类

① 车峰．我国公共服务领域政府与 NGO 合作机制研究［D］．北京：中央民族大学，2012.

② 国家体育总局办公厅关于资助命名 2014 年国家级青少年体育俱乐部的通知［EB/OL］．(2014 - 01 - 15)．［2016 - 7 - 16］．http：//www. sport. gov. cn/n16/n33193/n33208/n1581724/n2113349/5010773. html.

民办非企业单位的仍不太多。在巨大的就业压力下，许多体育毕业生宁愿选择与体育无关的工作，到市场自主（灵活）就业，也不愿在非营利部门做体育本行。目前在体育类民办非企业单位工作的社会地位和薪水收入，与家庭培养一名大学生的支出之间的落差太大，很多人难以接受。专业运动员退役安置现在也没有较多考虑体育类民办非企业单位领域，总体而言，这与该领域的发展不健全有关。

场地方面，以提供体育服务、进行体育培训和指导、组织各类体育比赛等为业务内容的体育类民办非企业单位，因为要贴近服务目标人群，往往租赁的房屋处在闹市区，租赁费用较高。作为其业务指导部门的体育行政部门，其闲置房屋场馆等在出租时，可能首先考虑部门效益，将其租赁给资金实力更好的商业体育俱乐部甚至是与体育无关的商业部门。对于租赁体育、教育部门所属体育场馆（地）的体育类民办非企业单位，相关部门应适当予以房租优惠。全国第六次体育场地普查数据表明，我国人均体育场地面积已达 1.46 平方米[①]。其中，接近60% 的体育场地属于教育、体育及军队系统。因此，应尽快释放系统内场馆资源使回归其本位。

（三）治理结构不合理

青少年体育俱乐部对于自身的组织性质还有模糊的地方。在人员配备和负责人产生机制方面，存在一定的不清晰、不规范情况。在青少年体育俱乐部中，配备了专职人员的占 48.2%，这些俱乐部的工作人员

① 尚力沛．我国第六次与第五次体育场地普查结果的比较分析［J］．吉林体育学院学报，2015，31（5）：45－49.

一般为所在学校的领导和体育教师等。大专以上学历的工作人员占88.6%，外聘兼职人员只占到5.7%。这与俱乐部支付的工资水平较低有很大关系。有60.2%的俱乐部经常或偶尔提供志愿者服务。社会组织作为独立于政府与市场领域的第三部门，其治理结构有明确的要求，应包含理事会及高层管理人员、普通工作人员、志愿者等。实际上包括体育类民办非企业单位的发起者，很多都将其作为兼职工作。山东省某市某青少年足球俱乐部负责人赵总，同时也是国内某著名网站山东频道的总经理，该俱乐部名称也被冠以这家门户网站的名称。此举一方面是希望俱乐部具有高社会认知度，能够吸引更多的社会服务人群；另一方面，俱乐部负责人另外的经济来源，是该俱乐部发展资金的主要构成。在这样一种从发起资金、运作资金到员工薪资的支出基本由发起人投入的俱乐部中，谈不上治理结构合理与否问题，"一言堂"式的治理方式，反而有利于体育类民办非企业单位的高效运行。北京市某注册资金为50万元的大型体育类民办非企业单位，管理人员只有发起人及其亲属两人。家族式管理在体育类民办非企业单位的治理结构中也有一定比例。在目前体育类民办非企业单位发展的这种状况下，这样的管理方式，从感情上、从效率上都是说得过去的。但未来，体育类民办非企业单位需要进一步发展，特别是通过被政府购买公共体育服务或开拓更多资金来源渠道的时候，治理结构的不完善就会限制组织发展。

《办法》并未具体规定体育类民办非企业单位的治理结构必须包括哪些方面。《条例》也只是提到了拟成立的民办非企业单位的章程中，应包括法定代表人或负责人的产生、罢免程序，以及拟任负责人的基本情况、身份证明，也没有明确规定体育类民办非企业单位的组织治理结构应该包括哪些具体方面。从董事会、理事会到监事会的社会组织决策、执行、监督的治理机构目前还没有形成。根本性的原因，还是我国体育类民办非企业单位的发展不足，或者依附于政府及学校使用行政性管理，或者由发起人自我管理。在青少年体育俱乐部的治理过程中，主任制是现有情况下比较高效的一种管理方式。

三、运作过程中的困境

（一）资金来源渠道单一

长期以来，无论是竞技体育还是学校体育，又或是社会体育，都是由国家来操办。竞技体育受到我国举国体制的影响，因其自身发展的特征，某种程度上适合由政府负责全面开展；学校体育领域由于有一定的强制性，也应由教育和体育行政部门共同负责；而社会体育领域则不同，因为社会体育涉及的人员、项目、资源、组织等各方面的头绪众多，很多方面政府无暇顾及。在政府主要负责社会体育时期，体育被以一种社会福利的形式提供给民众。既然是社会福利，也是免费的，民众自然不会对社会体育服务的覆盖面、质量等方面有较高的要求。在目前政治体制改革和社会管理创新的背景下，社会体育重归社会，体育社会组织开始承担起主要责任。体育社会组织的运行，实际就是一个组织经营的过程。社会组织并非不能盈利，更非不能经营，因为社会组织提供的体育服务需要成本，需要自身存在、运作、发展的资金。非营利的底

线是盈余不得分配，而非禁止经营行为。目前，我国现有的法规政策中，也存在某些冲突的地方。《条例》相当于禁止民办非企业单位的经营性活动，这是有失偏颇的。另外，体育社会组织的经营很容易与“产业化”联系起来而被认为失去了公益性。即便是在计划经济条件下，由于体育部门既有投入，又有满足社会需要的服务产品产出，因此，体育事业具有产业性，属于产业范畴①。

2009 年国务院颁布《全民健身条例》，规定了将全民健身事业发展纳入国民经济和社会发展规划、写入地方《政府工作报告》和经费列入地方财政预算的“三纳入”工作。近年来，各级政府总体上对社会体育领域的资金支持力度开始加大。根据《2013 年全民健身发展报告》，2013 年，全国用于全民健身的费用共 197.59 亿元，这笔费用中，用于场地设施建设的有 147.24 亿元，占 74.51%；用于组织建设的只有 8.38 亿元，占 4.24%。其中，中央财政投入 20 亿元，比上年增长 23.38%；地方财政投入 170.21 亿元，比上年增长 88.91%。全国用于全民健身事业的资金总量不断加大，财政资金投入力度逐步提高的同时，存在着公共财政预算用于全民健身事业的占公共财政预算比例相对较低，各地投入比例差距较大的现象。但是，体育类民办非企业单位作为体育社会组织的一种，特别是作为财产组织，应具备一定的经营能力及自我造血功能。有调查显示：体育类民办非企业单位经费的 63.3% 来源于提供的服务收入，其余为会费收入。青少年体育俱乐部对在校学生的服务基本是免费的，且成为俱乐部会员后基本不需要缴纳费用。在

---

① 李舸．体育产业化研究［D］．成都：西南财经大学，2005.

组织某些活动时，偶尔收费。一方面，收取的费用是非常低廉的，只能作为组织活动的一种补贴；另一方面，青少年体育俱乐部的收费行为有时亦会与教育行政部门严查的教育乱收费联系起来。所以，很多时候，青少年体育俱乐部并不愿意搞规模较大的体育活动。

民间主导型体育类民办非企业单位没有国家财政支持，经费基本依靠发起人的先期投入以及后续在运作过程中的经营收入。调研中发现，很多体育类民办非企业单位一部分重要的资金来源是组织的会员所缴纳的会费或年费。从理论上讲，民办非企业单位属于财团法人，服务对象指向组织外部，没有会员就无从收取会费。但是，实践中，很多体育类民办非企业单位的服务基本上是既指向组织外部，又指向组织内部，甚至有些体育类民办非企业单位主要以服务自身会员为主。这就出现了体育类民办非企业单位的类社团化运作倾向。社团化运作的优势体现在：第一，客观上，对于活动参与者，人际交往频繁，体现为互益性的公益。第二，由于开展俱乐部活动有利于扩大影响，其开展活动的动力很强。第三，社会组织与公司内部耦合，不利于社会捐赠。造成这种局面的原因，可能是组织在登记时，已有部分商业性实业在运作，行政部门导向性地将其注册为体育类民办非企业单位。调研的山东泰安市驰驰自行车俱乐部便是如此。一大批活跃的自行车爱好者是该民办非企业单位的“会员”，而该民办非企业单位的主要收入来源是车行售卖自行车的收益。在谈到俱乐部组织性质时，俱乐部王姓负责人说：“我们车友会（俱乐部）经常搞公益活动，有时组织骑友到贫困地区搞捐赠、慰问活动。”可见，基层对于民办非企业单位“公益性”的认识，指的是对组织成员之外的“慈善”，而不是俱乐部自身的服务对象。调查的另一家

青少年足球俱乐部的经营状况要差很多，主要依靠收取学员会费维持运作，但所收取的会费十分低廉。民间主导型体育类民办非企业单位的经营能力总体是比较差的。发起人有两种心态，要么是觉得自己投身公益，应与经济利益划清界限；要么是仅有经营动机，却缺乏经营能力。在专业能力、组织运作能力与效率方面，与市场领域相差甚远。发起人有些是退休在家的老人，有些是毕业不久的大学生。另外，注册资金少，组织先期运营所需要的资金投入少。

（二）政府购买公共体育服务难以覆盖体育类民办非企业单位

体育类民办非企业单位是体育公共利益表达的桥梁与纽带。一般认为，体育类民办非企业单位提供的产品界于公共产品和私人产品之间，是更接近公共产品的一种混合型产品。其提供的体育公共服务，通过合同承包、补助（贴）的方式，由政府来购买。通过这一方式提供体育公共服务，是政府的职能与使命①。政府由体育服务的直接生产者转型为提供者，与体育类民办非企业单位建立的委托代理关系，降低了交易成本，提升了社会体育的效益。但目前，在我国政府购买体育社会组织的体育公共服务还处在低层次与局部合作阶段，相关法规条例也不健全。在《政府采购法》中，体育公共服务未被列入采购范围，而社会体育组织也未被视为购买客体，还不能满足各级政府购买体育公共服务

① 易剑东．中国体育公共服务研究［J］．体育学刊，2012（2）：1－10.

的制度需求[①]。目前，存在这样一种争论：通过购买服务的方式将政府体育公共职能转移给体育社会组织，是应该选择发展较好的社会组织，以确保公共服务职能能够被顺利承接；还是一开始就尝试给予各种层次体育社会组织机会，通过锻炼，提升体育社会组织的能力。体育类民办非企业单位可通过承接服务职能，提升自我运作效率。此为体育类民办非企业单位发展资金来源的重要部分，同时通过对承接遴选，建立起体育类民办非企业单位间良好的竞争秩序，促进其自身实力的提升。

购买公共体育服务的过程，包含着契约过程的“交易费用”。从契约的角度出发，新制度经济学家大都认为交易费用应包括：准备合同的成本、达成合同的成本、监督和实施合同的成本[②]。在公共管理中，通过比较合同管理费用和内部管理费用可以帮助政府部门决定是自己生产还是向私人部门购买某些服务。从交易费用理论的角度来说，这实际上是比较两种交易费用，即比较市场交易费用（market transaction cost）和管理交易费用（managerial transaction cost），并以此来进行公共管理的决策。运用交易费用经济学的观点分析哪些活动应由政府从事，哪些则不应该由政府提供[③]。

就目前国家列出的被购买体育公共服务组织名单来看，能够采用这样一种方式承接政府转移职能的，多数为具有一定官方背景的、规模相

① 秦小平，陈云龙，王健，等．我国社会体育组织发展路径：基于政府购买体育公共服务的视角［J］．上海体育学院学报，2014（5）：1－4.

② 卢现祥．西方新制度经济学［M］．北京：中国发展出版社，2003.

③ 道格拉斯·诺斯，路平，何玮．新制度经济学及其发展［J］．经济社会体制比较，2002（5）：5－10.

对较大的体育社团。政府购买服务，是基于比较管理交易费用和市场交易费用得出的结论。政府也不能一味地将所有社会服务推向社会，由第三部门或企业来购买。同时，政府购买公共体育服务会带来“虹吸效应”，对一种、一类体育项目、体育服务的提供，将会排斥其他体育项目和服务。任何时候，公益事业的核心是公益难题本身。

（三）提供服务的价格较低，难以保证组织基本运行

服务的定价状况一定程度上反映着体育类民办非企业单位所提供服务的公益属性。免费的一定是公益行动，但公益性的不一定是免费的。因为体育类民办非企业单位所提供的这种体育服务或产品，具有公共产品和准公共产品的属性。同时，提供这种服务或产品，除了消耗财力、物力，还需付出脑力、体力及情绪劳动的成本。体育类民办非企业单位提供的体育服务或产品显然具有商品属性，它凝结着人类无差别的劳动，是价值与价格的统一体。虽然社会经济的发展带动了体育消费水平的提高，但消费结构还停留在较低层次，多以体育用品装备等实物型消费为主，而体育服务等精神型消费较少。总体性社会背景下，民众还停留在“福利 = 免费”这一认识层面，并且对社会组织的看法也类似于“非营利 = 不收费”。因此，让民众更多地将资金投入非物质体育消费领域，仍有很大困难。体育类民办非企业单位所提供的服务，如健身培训、运动技能指导等，包含着财力、物力和人力等多种成本，组织不可能长期以远低于成本的价格为社会提供服务。

（四）员工薪水低，导致人才缺乏

体育类民办非企业单位在运作过程中，常陷入艰难的抉择：支出足以留住员工的薪水往往使组织的财务状况雪上加霜。体育类民办非企业单位目前的资产状况无法给予员工良好的工资待遇。由于工资待遇、社会保障等方面的不足，专业性较强的体育教练员、体育培训人员等人才，很少会选择体育类民办非企业单位为全职工作单位。调查北京某注册资本达 50 万的体育类民办非企业单位，正式员工只有出资人及其亲属两人，其余人员皆为兼职人员，流动性很大。目前，人们更倾向于认为体育类民办非企业单位是表达公益之心的一个通道，还达不到成为一个就业领域的程度。据萨拉蒙等的研究，国外社会组织就业的平均规模占非农就业人口的 5%，占所有服务业就业人口的 10%，占所有公共部门就业人口的 27%，相当于各国最大私营企业就业总和的 6 倍多[①]。可以说，社会组织是未来我国体育专业人才就业的一个重要领域，这对于解决目前我国退役运动员安置困难、提升体育类民办非企业单位服务质量有一定的促进作用。薪资水平高低常与社会组织盈余不得分配的规定有关。相关法律规定，民办非企业单位员工的薪资水平不得高于当地平均工资的 2 倍。体育类民办非企业单位的负责人不得不在合适的薪水与组织的存续之间权衡。

① SALAMON，L M. Partners in public service：Government – nonprofit relations in the modern welfare state［M］. Baltimore：Johns Hopkins University Press.

财税〔2014〕13号文（此文件在2018年1月1日起废止）规定了社会组织员工薪资水平。要想获得社会组织免税资格，则“工作人员平均工资薪金水平不得超过上年度税务登记所在地人均工资水平的两倍”①。规定考虑到社会组织的志愿性特征和接受税收优惠的社会责任，有一定合理性，但同时也对公益机构发展带来了现实制约。公益人士大多认为，财税部门强制限定公益组织员工的薪酬，说明政府和社会公众更看重社会组织的道德含义，这限制了公益组织吸收专业、高端的人才，对社会组织的发展，对公民社会的发育，是不利的②。2014年7月壹基金等基金会委托零点公司所做的《2014中国公益行业人才发展现状调查报告》显示，“公益机构薪酬水平整体增长缓慢，与企业间的差距明显”③。《2014年中国公益行业人才发展现状调查报告》及《2014年度中国薪酬网公益组织行业薪酬调研报告》体现了我国目前公益人才收入现状和公益组织吸引人才的社会观念。新浪“益调查”所做的一个网络调查显示，只有约6%的人认为公益行业从业的经营人才工资水平应低于其他行业（图13）。

---

① 田志伟，刘厚兵．解读非营利组织免税资格认定及办理免税注意事项［J］．财务与会计（理财版），2014（4）：12－13.

② 财新网．王振耀：非营利组织该不该“限薪”？［EB/OL］．（2014－02－21）［2016－10－12］．http：//opinion. caixin. com/2014－02－21/100641810. html.

③ 新浪公益．益调查：取消公益基金会工资水平限制合理吗［EB/OL］．（2015－03－05）［2016－010－12］．http：//gongyi. sina. com. cn/gyzx/2015－03－05/160451876. html.

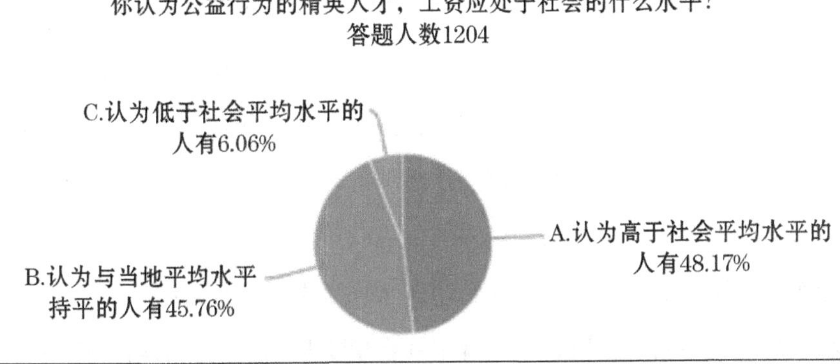

图 13　互联网公益行业人才工资水平认识度调查

（数据来源：新浪网"益调查"，取消公益基金会工资水平限制合理吗?）

（五）税务优惠政策不到位，力度小

对社会组织的税收优惠体现在两个方面：一是向社会组织捐赠的优惠，二是社会组织自身经营的税务优惠方面。我国向体育社会组织捐赠享受的税收优惠为：向获得公益捐赠税前扣除资格的社会组织捐赠财产并用于公益事业可享受企业所得税、个人所得税优惠。具体税收优惠为：企业捐赠可享受年度利润总额的 12% 的税前扣除；个人捐赠可享受应税额的 30% 的税前扣除[①]。在西方发达国家，对社会组织的优惠政策主要体现在税收优惠。西方国家社会组织的成立不像我国的许可制，要经过大量的成立前的行政审批。在美国，社会组织是自由发起、自由

① 国务院．中华人民共和国企业所得税法实施条例［Z］．2007.

存在的，但如果希望获得税务优惠，则必须进行公益认定，认定为公益性的社会组织的，则享有很大的税务优惠。在我国，体育类民办非企业单位主要缴纳的税款为营业税、所得税、教育附加税等。总体而言，体育类民办非企业单位的税务负担不算沉重，包含3%的营业税和15%～25%的所得税。但基于对非营利性组织的一种鼓励，国家相关税务政策尚未体现出较大优惠，而且许多的优惠政策是具有原则性的，不具有可操作性。民办非企业单位及社会团体管理条例规定社会组织严禁从事营利性活动，但新企业所得税法规定社会组织从事营利性活动所得不享受税收优惠①。财政部、国家税务总局《关于非营利组织企业所得税免税收入问题的通知》（财税〔2009〕122号）规定了五类可获所得税免税优惠的收入范围②。但是，经营性收入是民间主导型体育类民办非企业单位最重要的收入来源，在此方面尚无优惠。目前，月销售额2万～3万的小微企业是免征营业税的。

国家体育总局群体司调研发现，甘肃省由社会力量发起成立的省乒乓球协会在没有得到政府资助的情况下，发展会员、自租场所、自筹经费，广泛开展活动，取得了良好的社会效益。但是当地税务部门对其征收13种税，甚至对其租赁的办公场所征收房产税，致使其不堪重负。同样的情况在浙江就刚好相反，当地地方税务部门认为一些税种没必要

---

① 王晓芳，张瑞林，王先亮．中外体育非营利组织税收优惠比较研究［J］．成都体育学院学报，2014（2）：21－25，32.

② 财政部．国家税务总局关于非营利组织企业所得税免税收入问题的通知［EB/OL］．（2009－11－19）［2016－10－16］．http：//www.mof.gov.cn/pub/shuizhengsi/zhengwuxinxi/zhengcefabu/200911/t20091119_233702.html.

缴纳。对此，国家体育总局群体司的杨光宇表示，尽管法规全国统一，但是各地执行情况千差万别，“这些情况必须在政府主导下，通过部门间的协同加以解决”①。

四、运作偏失：志愿失灵现象

萨拉蒙在提出社会组织与政府伙伴关系的同时，就提出了社会组织不是万能的，它也会面临志愿失灵的风险。社会组织主要在以下几个方面存在缺陷：慈善不足、家长作风、非政府组织的业余性、非政府组织服务对象的局限性、被环境同化的可能。在体育类民办非企业单位中，以上这些组织面临志愿失灵的风险主要体现为正向和负向失灵两个方面。

（一）正向失灵：资源性与技术性不足带来的运作效率低下

慈善不足是任何一个国家社会组织发展的初期都会面临的问题，这直接导致民间慈善对于体育领域的关注和投入不足。这由两个方面的原因造成：第一，我国文化中公益、利他因素的整体性缺乏。与西方国家的公益情怀与愿景相比，我国是具有一定特殊性的。第二，体育领域的特殊性。当今民众认同的公益是慈善式的，慈善动机是源自对自然灾害、贫困等特定弱势群体的怜悯与关怀。家长作风在我国体育类民办非

① 人民网．体育社会组织初步发展 破解全民健身三个问号［EB/OL］．（2015－05－08）［2016－11－15］．http：//sports. qq. com/a/20150508/031387. htm.

企业单位的管理过程中较为常见。体育领域是特别容易通过组织负责人的体育经历、技能获取组织威信的一个领域。调查表明：我国青少年体育俱乐部的治理方式中，主任负责制是主要的形式，占总数的42.81%；其次是理事会制，占24.08%。尽管从目前组织人员结构、组织运作效率方面来看，主任负责制一定程度提升了体育类民办非企业单位的运作效率，但主任负责制的“一言堂”管理方式，造成决策失真的概率是比较大的，这同时也会造成志愿失灵。

服务对象的局限性方面，体育公益虽然是人人可为、时时处处可为，但从效率上来讲，让体育社会组织提供是最好的选择。我国目前的行业壁垒、行业间横向隔绝的状态仍在延续。挂靠在学校的青少年体育俱乐部的主要服务对象是学生，而不是社会人群。社会上发展较好的，包括商业体育俱乐部，也很难进入学校服务学生。在资金有限的情况下，很多体育类民办非企业单位本着“有多少钱，办多大事”的原则开展活动。政府购买体育服务的导向性，会在一定程度上考虑社会领域能够承接的服务类型，这会带来服务对象、服务项目选择的局限性。

社会组织的业余性主要指的是体育类民办非企业单位目前的发展状态还不能吸引更加专业的管理人才和体育人才参与到组织的管理和业务活动中。体育领域虽不像医疗卫生、法律等其他社会领域的专业性强，但从服务社会效果和效率上讲，未来公益职业化是势在必行的选择。志愿精神与志愿技能并重的意识还没有引起重视。志愿热情只是诱发公益事业、引导进入公益领域的先导，志愿技能才是提升公益效益的根本。在任何时候，公益问题的核心都是公益难题本身。

（二）负向失灵：利用政策漏洞的权力寻租

法定社会组织是被行政授权了的享有财政、税收优惠政策的权力部门，其运作者有可能存在寻租、腐败行为。负向失灵主要体现为有被环境同化的可能。相当一部分民间主导型体育类民办非企业单位创立的根本原因，是希望既拿到政府的扶持资金，又能以相应的税收优惠进行盈利活动，且提供服务产品的价格近似商业领域的市场价格，组织成员可以瓜分经营盈余。这就是典型的目标替代风险。作为依附于学校的青少年体育俱乐部，可能以俱乐部业务发展为名，挪用组织发展经费，进行更新升级车辆及办公条件等不必要支出，造成国有资产的流失。在申报国家级和省级以下青少年体育俱乐部的过程中，操作的不透明会带来寻租现象。政府在选择公共体育服务的购买对象时，在存在竞争关系的情况下，也会发生寻租现象。不过，最近的调研表明，政府购买体育社会组织公共体育服务时的定价偏低、经费执行过程相对烦琐，一定程度上抑制了体育社会组织承接政府转移职能的积极性。某些中介类的体育类民办非企业单位，如某某大众健身咨询中心、某某体育信息咨询中心，实际是一些空壳组织，一间办公室，一两个人，通过某些渠道承揽政府的一些资金支持类的活动，然后将业务转包。它们利用制度的漏洞，或者公共体育服务非竞争性购买的特点，勾结了某些部门中的寻租行为人，套取国家财政经费。这不仅践踏了公益使命，违背了社会良知，还触犯了国家法律。未来我国社会组织监督力度的进一步覆盖和加大，将会有效地避免这种现象。

第七章　体育类民办非企业单位的发展动力与制约因素

一、体育类民办非企业单位的发展动力

（一）体育类民办非企业单位的发展动力及其相互作用

恩格斯认为："整个伟大的发展过程是在相互作用的形式中进行的，这里没有任何绝对的东西，一切都是相对的"①。体育类民办非企业单位是在与各种社会构成互动的变迁过程中发展的。与外界的这种互动，既有可能造成负面的抑制作用，又有可能带来正面的发展动力。这一系列的发展动力及动力之间的相互作用关系，就构成了体育类民办非企业

① 中共中央马克思、恩格斯列宁斯大林著作编译局．马克思恩格斯全集（第三卷）［M］．北京：人民出版社，2002.

单位发展的动力来源。政府、市场、社会、个人等诸多因素，与体育类民办非企业单位发生着政策、观念、资源等方面频繁地互动而最终形成一种合力。无论是在社会的良性运行、中性运行还是恶性运行状态下，从整个社会变迁的角度来看，社会各单元的状态基本上与社会总体运行状态相一致。同时，社会运行的规律也揭示出，社会组成部分有可能是优于社会整体运行状态，或是滞后于社会整体运行状态，亦有可能是完全相反的。起根本性作用的，就是某社会组成部分与社会互动过程的动力机制。

（二）不同发展阶段的发展动力

体育类民办非企业单位缘何而来、如何存在、怎样发展的这一历时性过程，体现为经济、社会、观念等因素的相互作用。将体育类民办非企业单位发展的动力分为初始动力、根本动力和后续动力。体育类民办非企业单位发展的宏观背景是我国社会结构的巨大转型所释放出的社会空间。经济的高速发展将我国带入休闲社会，社会的发展最终以人的发展，即人的各种需要的满足为表现。当体育逐步脱去它身上沉重的政治外衣时，人们才会意识到它是关乎每一个人幸福的事情。

广泛的社会体育需求的迸发，是体育类民办非企业单位发展的根本动力之一。在体育需求的供给方式难以满足这种需求时，人类在社会组织活动中就倾向于按一定形式安排事务，以达成集体目标，这就是组织的产生。由于体育需求本身既可以是基本型需求，也可以是享受型需求，这就有了在体育服务供给方面政府、企业、社会组织的分工。社会之所以选择通过公益的方式满足人们的基本型公益需求，是因为“公益”本身是人们内心的一种源动力。公益是当公众回归人性的时候的自觉和本能，因此，社会上的每一个人，在每一个阶段，都可能关注公益，参与公益，支持公益。这就是所谓的公益之“社会氛围”，或者说“社会潜意识”。此为根本动力之二。

体育类民办非企业单位的发展在我国总体性社会背景下，当社会结构转型所释放的空间在体育类民办非企业单位不断发挥作用满足体育社会公益时，将很快触及政策的“天花板”。那么就需要体育类民办非企业单位的动力机制进行调整，以提供后续动力。社会组织的发展，是以有限政府和完善的市场经济为前提的。民政部门推出的一系列激发社会组织活力的举措，是有限政府对社会由治理向善治转变的体现。完善的市场经济不仅提供了必要的社会资源，而且它重新梳理出了一种更合理的社会结构与社会财富的创造过程。只有当社会中的每一个个体能够公平地通过自身劳动，创造社会财富并获得社会地位的提升的时候，捐赠、志愿精神等才能进一步成为推动社会组织发展的后续动力。

正外部性也是体育类民办非企业单位发展的重要后续动力。外部性又称溢出效应、外差效应或外部影响，指的是一个人或一个组织的行动和决策使另一个人或另一个组织受损或受益的情况。从经济学的角度来解释正外部性会更加具体：一个经济主体在自己的活动中对旁观者的福利产生了一种有利影响或不利影响，这种有利影响带来的利益或不利影响带来的损失，都不由生产者或消费者本人所获得或承担①。人或组织在行动时，并不付出行动的全部成本或享有行动的全部收益，这就是正

① 冯玉军．权力、权利和利益的博弈：我国当前城市房屋拆迁问题的法律与经济分析［J］．中国法学，2007（4）：39－59

外部性和负外部性的体现。体育类民办非企业单位的服务对象——社会体育参与人群可以更好地为社会作出贡献，对每一个社会分子都是有益的。也就是说，社会中未支付体育类民办非企业单位服务成本的人群，也享受着良好体育氛围带来的益处。

（三）外部与内部的发展动力

体育类民办非企业单位与其外部环境之间存在一种广泛的、多元的、长远的利益相关。发展的动力机制可以从组织的外部动力与内部动力进行审视。体育类民办非企业单位的外部动力主要是社会体育需求的拉动效应、民间投资的旺盛趋势以及多元利益诉求。内部动力主要体现为个人公益热情的释放、个人自我实现动机的促进以及组织高效治理的内在需求。

广泛、深入、多元的社会体育需求是政府难以满足的，也是互益性的体育社团难以很好完成的，它需要体育类民办非企业单位通过连续地运作，指向组织外部的这种达成方式。理论上讲，社会体育谋求在覆盖面上的提升，这主要靠体育类民办非企业单位。市场经济的不断深入，各领域竞争加剧，利润率降低，某些商业体育组织，如健身俱乐部等，开始转向社会组织领域，且不区分投资与捐赠，对于体育类民办非企业单位组织性质的混淆和运作目标的替代效应，这种转变客观上拉动了民间体育热情，提供了体育服务供给的多元化选择。体育类民办非企业单位这种组织形式的存在，成为体育公益热情与体育需求方之间的桥梁。社会力量办体育的形式，有效避免了政府从体育国家福利到直接市场供给的排他选择性，也避免了政府提供公益由生产到提供过程中可能产生的过度代理，从而对社会组织产生挤压效应。

改革开放使一部分人先富起来，先富起来的一部分人有通过各种渠道回馈社会的愿望。公益热情的释放和回馈社会的过程，需要高效的组织形式来降低社会公益成本。体育是人的需要，提供体育公益也是某些人的需要。“利他”是自我实现这样一个更高层次需要的达成过程，供给基本体育需求这一较低层次的需要，是整个社会朝向和谐发展的重要路径。从组织整体来讲，虽然我国体育类民办非企业单位有不同于国外社会组织的诸多特征，几乎没有完善的诸如理事会、监事会等内部治理结构，但是组织的存在均有一个趋向高效的过程。此外，我国民间主导型体育类民办非企业单位的发起者同时又是组织的运作者与管理者。从个人感情上来说，他们希望将自己的组织运作得更好。这恰恰也避免了传统的社会组织“所有者”缺位可能带来的经营不善问题。

二、体育类民办非企业单位发展的制约因素

（一）文化基础与社会基础尚未达到公民社会的要求

我国社会主义性质的集权政治类型，在计划经济时代发挥了巨大作用。随着改革开放，以市场经济为先声的经济体制改革，进而带来了社会转型与文化转制。大政府小社会是我国社会结构特征的真实写照。在总体性社会的背景下，几乎一切社会事务由政府包办。社会福利，包括民众体育需求，均被认为是政府应该免费提供给百姓的。这种政治体制

与社会服务提供的方式，并非完全是政府施加给民众，民众被动接受的。从文化渊源上来讲，某种程度上，这与东方文化缺乏利他与慈善基因有关。中国文化中虽有助人为乐、乐善好施、扶贫济困的优良传统，但却缺少现代公益的基因。具体说来，中国传统伦理社会中形成的具体人伦道德及引申五伦，几乎都是与已有一对一具体关系的人的道德承担；而植根于西方文化中的志愿道德，主要是与己无直接关联的他人的利他贡献，是普世主义和抽象的博爱原则。这就是说，中国的慈善观是由血缘人伦向外推及的慈善，它使人难以产生对素不相识的人、被认为对他没有行为道德责任的人的关怀；而西方的慈善却是在“众生平等”的底线原则上给人的生命的一种关怀，它超越了由血缘形成的亲属关系和由实质价值形成的善恶分际，其核心理念是普遍的人文关怀和人道主义，而寻求和实现生命意义的内在必然性，则是点燃志愿精神的不竭的能源。志愿行为的维系和坚持，在于在志愿工作中人的生命价值得到充分肯定：被人尊重、被人需要、被人喜爱和感激，这又反过来激发了对自我生命的愉悦、欣赏与肯定①。我国福利性公益供给方式的另一种渊源是，计划经济体制以至社会主义初级阶段，政府以公权力配置社会资源，满足社会成员之“人道需求”（如温饱、医疗、灾难救援等）方面的效率较高，而这种高效所形成的政策惯性，阻碍了满足社会成员需求向更高层级变迁时的供给方式转向。

社会组织发展的两个既定前提是有限政府和完善的市场经济。萨拉蒙的研究证明，社会组织与政府的关系是社会服务中的伙伴关系。因

① 李培林．我国社会组织体制的改革和未来［J］．社会，2013（3）：1－10.

此，政府与社会组织关系的预设，应该调整为管制到治理、对立与伙伴、限制与发展。多元主义的自主性和自由竞争原则最有利于激发社会组织的活力、提高社会组织的效率。然而，中国未来国家与社会关系的构建，还是应该立足于中国的国情。改革方向选择的出发点应充分考虑领域特征、历史惯性、文化传承与社会的可接受程度。从领域特征看，由于行业协会等社会团体要发挥好作用，就必须具有行业代表性、权威性，否则行业信息的统计不全面、行业标准缺乏权威性，则无法进行行业的规划、统筹与协调。从历史惯性看，由于传统上中国的社团就是一地一业一会，一旦迅速放开，可能引起行业在相当长的时期出现混乱的局面。从文化传承看，一旦打破社团的垄断性，“宁为鸡头、不做凤尾”的文化观念很可能导致社团的非理性发展，进而导致山头林立。在美国，尽管协会可以自由竞争，但在一个成熟、理性的市场经济国家，在具有妥协、合作治理的传统文化下，大多数领域实际也只有一家协会。从社会可接受程度看，对于既得利益的社团及其关联的政府职能部门而言，显然会更加排斥多元主义模式，改革的阻力也会更大。法团主义模式在中国计划经济时代可接受程度相对更高。

影响体育类民办非企业单位发展的困境之一是资源，主要表现为运作资金的缺乏。除去政府的财政扶持不到位以外，我国的公益捐赠水平也很低下。如果说民众的整体经济水平和文化水平仍然较低，认识不足、财力有限，那为什么我国发展较好的大型企业也缺乏公益热情呢？可以说，企业财富的积累过程消耗了大量的制度成本，因而，他们自然没有较高的公益热情。税负水平与公平性也影响着人们的公益热情。2014 年，我国个人所得税 7377 亿元，同比增长 12.9%。从 2014 年财

政收支来看①，1~12月累计全国一般公共财政收入140350亿元，比上年增加11140亿元，增长8.6%。1~12月累计教育支出22906亿元，增长4.1%；科学技术支出5254亿元，增长3.4%；文化体育与传媒支出2683亿元，增长5.5%；医疗卫生与计划生育支出10086亿元，增长9.8%。在不考虑各项关系国计民生的支出来源是否为财政收入（如中国铁路、高速公路的建设大部分资金来自银行贷款）和支出比例及其区域分配是否合理的情况下，我国2014年，在教育、科技、文化、医疗、社会保障等与普通民众有关联的总支出，只占了我国当年税收收入的83.12%，占政府财政收入的70.59%。当前较高的医疗、教育投入，也影响着公民的公益捐赠水平。

从思维习惯来看，典型的二元思维在人们对事实和价值判断的过程中仍很常见。二元思维时，人们只看到了事物相反的两面或两端，忽视了其他方面或两个极端之间的中间情况，而中间情况往往也是最普遍的。在国家政策上，我们长期以来实行的城乡二元分治，也是一种二元思维。这种治理制度把全国人民简单地分成了城镇、农村两个部分，用户籍制度加以区别。体育政策亦是如此，将体育简单分为竞技体育和群众体育。要么是高消费的商业体育，要么是免费的群众体育福利；要么是收费的经营性体育，要么是免费的体育慈善。有经济回报就是全职工作，无经济回报就是志愿者等。实际上，“非营利性”的表述，恰恰说明了它所在的中间状态。

还有另一种社会基础的解释：民间组织本身的存在应当在社会基础

① 中央政府门户网站.2014年财政收支情况［EB/OL］.（2015-01-30）［2016-11-12］.http：//www.gov.cn/xinwen/2015-01/30/content_2812441.htm.

中寻找原因，这是它们志愿性地提供公益和互益服务的真正动机，以及它们能够更密切地了解社会、服务社会的真实原因。如果缺少了这一点，而仅仅是将一类组织贴上某种标签，不允许它们分配盈余，给予它们运作上的某种灵活性，是不能解决问题的①。社会组织与志愿领域存在的合理性，只是被简单地归因于政府与市场无法提供某些服务，而不说是因为这一领域本身高质量的、创造性的服务的供给②。

（二）法律法规存在失当与不足

体育类民办非企业单位的特质是群众体育参与的成员广泛性、人群的高度聚集。由于组织具有一定程度的倡导功能，国家在政策供给上也在不断地权衡。在国家发展与民众福祉博弈日趋激烈、体育公共服务供给日益多元的今天，倒逼改革的现象时有发生。如有的关于民办非企业单位及社会组织的法律及政策，其特定的颁布时间背景，多数是为了登记及业务主管部门便于管理。因此，在民办非企业单位条例、社团条例中，看到的更多是“必须”“应该”等字眼，而且偏重组织登记、管理的规定，但对于组织如何发展，组织应该具有什么样的内部治理结构、社会监督如何实施、财务税收优惠等则很少或根本没有。针对体育服务和体育产品的性质，定位体育公益的分层及对体育类民办非企业单位进行规制的要求还没有在有关法律政策中得到体现。

① 王名，刘培峰，等. 民间组织通论［M］. 北京：时事出版社，2004.

② FRUMKIN P. On Being Nonprofit［M］. Cambridge：Harvard University Press，2002.

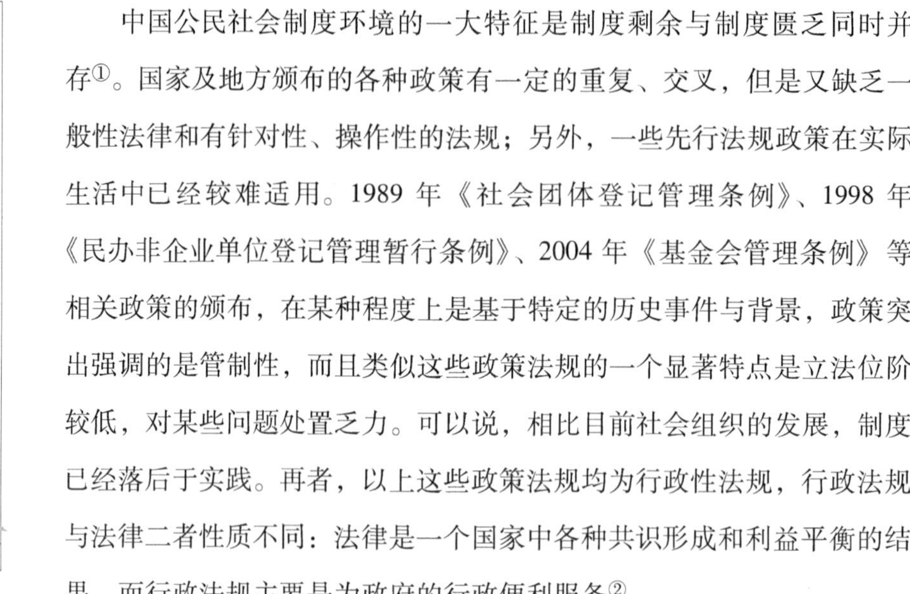

中国公民社会制度环境的一大特征是制度剩余与制度匮乏同时并存①。国家及地方颁布的各种政策有一定的重复、交叉，但是又缺乏一般性法律和有针对性、操作性的法规；另外，一些先行法规政策在实际生活中已经较难适用。1989 年《社会团体登记管理条例》、1998 年《民办非企业单位登记管理暂行条例》、2004 年《基金会管理条例》等相关政策的颁布，在某种程度上是基于特定的历史事件与背景，政策突出强调的是管制性，而且类似这些政策法规的一个显著特点是立法位阶较低，对某些问题处置乏力。可以说，相比目前社会组织的发展，制度已经落后于实践。再者，以上这些政策法规均为行政性法规，行政法规与法律二者性质不同：法律是一个国家中各种共识形成和利益平衡的结果，而行政法规主要是为政府的行政便利服务②。

（三）社会组织发展的阶段局限性

尽管是在经济发展水平较高、公益土壤适宜的环境中发展起来，西方社会组织发展初期，也面临着社会认知度低、资源困境、法律规制不足、志愿失灵等问题（如英国等），目标替代风险较大。目前我国的体育类民办非企业单位作为一种实体型、运作型社会组织，其发起成立首先就有一定的困难：一方面是民众对社会体育资源的渴求，另一方面是政府和现有的社会组织对满足这种需求的能力不足。国家政策鼓励社会

---

① 俞可平．中国公民社会：概念、分类与制度环境［J］．中国社会科学，2006（1）：109－122.

② 王名，金锦萍，黄浩明，等．社会组织三大条例如何修改［J］．中国非营利评论，2013（2）：2－27.

力量投身体育公益事业，在这种情形下，很多企业、个人本着投资的目的进入体育公益事业领域。发起资金的属性，从理论上讲，不符合社会组织的资产性质。社会组织的资产属于公益产权。公益产权相对于国有产权和私有产权而言，是一种社会所有的虚拟产权或不完全产权，即捐赠者、受赠者（民间组织）和受益人都分别享有一定的权利。其中，享有收益权的主体是由社会上所有可能的受益群体构成的虚拟主体。成熟的市场经济为社会组织的出现与存在提供了既定前提。成熟的市场经济主要提供了三个方面的保证：一是市场经济带来的配置资源的高效与竞争精神。二是市场经济的发展提供了社会组织发展必不可少的外部资源。社会组织正是在与环境的资源依赖与交换中获得发展的。所谓成熟的市场经济，是这个社会中的每一个分子，都能够获得平等的创造财富的机会，任何财富的获得都不是建立在特权之上的。三是市场经济同样面临着一定困局。在营利性组织提供物品时，由于与消费者之间存在着信息不对称，难以进一步提高服务质量，而有些领域更是很难涉及。

在我国，包括体育类民办非企业单位在内的各种社会组织的发展，解决了身份问题之后，才能够在动员社会资源、服务社会人群等方面，发挥自己的作用。经过一定的发展，大众才会认识到社会组织不仅可以弥补政府、市场的某些失灵，还能够成为政府进行社会治理的伙伴，进而可能还会起到监督政府、表达民意心声的作用，最终才会发现，这类组织的存在，并不仅仅是因为提供了政府或市场无法提供的服务，或者通过委托代理降低了交易成本，而是这样的组织本身提供了高质量的、创造性的服务。

（四）体育价值观的偏差

除了体育之外，民办非企业单位还涉及教育事业、卫生事业、文化事业、科技事业、劳动事业、社会中介服务业、法律服务业等其他共10个领域。教育、体育、卫生三大领域是最接近人的基础发展的领域。国家体育总局2015年11月发布的《2014年全民健身活动状况调查公报》显示，2014年，我国的体育人口率达到了33.9%（含儿童青少年）。也就是说，2014年，全国13.68亿人口中，有4.64亿人达到了每周进行3次以上体育活动，每次30分钟以上，每次达中等强度以上的锻炼水平。民众参与体育运动已蔚然成风，近年来各地出现的马拉松热便是显著的表现。与现代体育休闲参与热潮并行的，是国家体育政策的逐渐演变，民众对体育作为一种社会福利的社会认知的转变。我国的群众体育，曾经在新中国成立初期短暂兴起过一段时间，但随着“大跃进”“文化大革命”等社会变动，又跌入低谷。改革开放后我国重回奥运大家庭，政府采取的举国体制使竞技体育快速发展，一定程度上造成了群众体育的偏废。群众体育落入了“说起来重要，做起来次要，忙起来不要”的尴尬境地。在几乎没有社会力量参与的情况下，国家体育总局群体司（以及后来的青少司）与教育部体卫艺司及各级工会、共青团、妇联、行业体协主管发展群众体育事业。

竞技体育方面，我国取得了辉煌的成就，可以称得上是“体育强国”。与此同时，国家又提出了“奥运争光计划”与“全民健身计划”。但直到2009年，“从体育大国到体育强国迈进”任务的提出，才进一步明晰了我国在发展竞技体育的同时，社会体育、体育产业在体育领域中的重要地位。2014 年国务院第 46 号文将我国体育产业提高到战略地位，未来体育产业将成为我国的一个支柱产业。这是一个对体育的认识从政治回归体育本原的过程，但仍未摆脱工具理性的价值判断（体育是产业），对体育本质的认识仍有提升的空间。民间层面上，民众对体育的认识集中在三个方面：第一，体育是国家战略与国家荣誉，这一认识受到多年来我国政策重竞技、轻群众的影响；第二，体育是高水平商业化比赛，是纯粹的商业领域的事情；第三，体育作为一种福利，应该是政府免费提供给民众的。

在我国，“体育”这一词汇，长期以来与“体质”有着密切的关系。这实际上降低了体育的地位，抹杀了体育在很多其他方面的功能。即便将体育放在教育系统中，它的地位也比其他学科低很多。在现代文明社会中，体育长期处于教育系统中的边缘地位。现在，由于学校体育缺失暴露的问题日益突出，在国家的政策要求下，学校体育才逐渐被“重视”起来。但是，对于大多数的人而言，这种“重视”仅仅是一种工具理性下的被动参与，并非体育教育的本质。人文主义教育家们竭力强调利用各种户外游戏发展儿童的个性和他们的意志品质。他们明确指出：对身体练习的整个要求，是使这些练习有助于锻炼机体，增加力量和耐力，培养能够解决生活中出现的问题的能力和品质。在学校教育体系中，体育教学的本质是通过有规律和有规则的身体运动知识的传授与参与，促进青少年健康（生理健康、心理健康、人格健康）成长的过程。对“心力”“胆力”“体力”的培养是体育教育无可替代的功能，

也是最具价值的地方，我们现在的学校体育，还没有做到①。在学校教育中，体育的尴尬地位，即便国家通过改革体育中考等制度来改变，效果也并不理想。工具理性的体育观仍被大多数人所接受。

在中国传统文化中，一直存在着重文轻武的思想。古希腊时期的斯巴达和雅典教育体系，赋予了“体育”极高的地位。在《悲剧的诞生》中，尼采运用了酒神－日神精神，他以醉境和梦境分别形容酒神状态和日神状态②。日神精神象征美的外观，“我们用日神的名字统称美的外观的无数幻觉”，是一种形式美、节制和对称，是分析和分辨。日神精神象征的是形式主义和古典主义、视觉艺术。酒神精神来源于古希腊的酒神祭。在酒神祭中，人们打破禁忌、放纵欲望，解除一切束缚，复归自然。这是一种痛苦与狂喜交织的非理性状态③。17 世纪的英国，约翰洛克倡导“绅士教育”。绅士教育的目标是培养身体健康、精神健全的各种社会活动家和企业家，即绅士。洛克提出绅士应当具备德行、智慧、礼仪和学问四种品质④。欧洲的三大思想文化运动使身体、自我、理性回归，体育的价值被推向新的高度。奥林匹克运动也由此勃兴。在我国，恰恰缺少这样一次完整的思想启蒙。身心统一发展观念的推行，在我国依然任重道远。在社会现实中的突出表现是，与民众需求有关的教育、艺术、文化领域的收费往往高于体育行业。

---

① 熊晓正．学校体育之误，误把体质当目的［EB/OL］．（2015－11－23）［2016－11－12］．http：//mt. sohu. com/20151123/n427647847. shtml.

② 周国平．《悲剧的诞生》：尼采哲学的诞生［J］．云南大学学报（社会科学版），2005（1）：38－44.

③ 崔文良．酒神精神与尼采哲学［J］．吉林大学社会科学学报，1991（6）：85－90.

④ 杨光富．重温洛克：绅士教育的倡导者［J］．上海教育，2006（3B）：42－44.

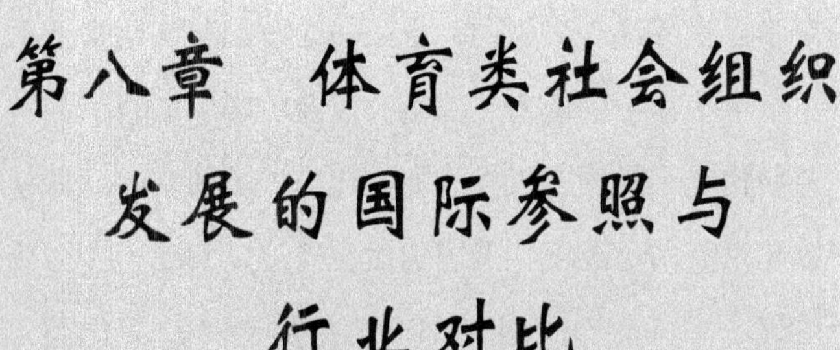

第八章　体育类社会组织发展的国际参照与行业对比

一、其他国家体育社会组织的发展经验

选定美国及日本作为比较对象，是希望了解两国社会组织（在美国，“NGO”是最常使用的词汇）、体育政策的发展过程。虽然两国在诸多方面与我国有很大差别，但是，在设立一定的参考维度、明确具体比较内容等条件下，也可以梳理出可供借鉴的经验。在比较研究中，主要关注的是文化背景的差异、社会组织的政策、体育政策、社会组织的资金来源、社会组织的大体运作方式、享有的财政及税务优惠政策、社会组织或体育社会组织在经济总量中的比重等。各种比较内容从一国某时期经济总量、人均 GDP、人均善款、颁布代表性政策的时间间隔等方面考虑。

（一）美　国

美国是当今世界第一大强国，也是一个政治与文化多元的国家。诸多的民族，政治生活中的政府、国会，以及传媒、宗教、利益集团和思想库等，共同构成了美国今天发达的文化与进步的文明。即便在今天世界朝向多极化发展的情况下，美国仍然在经济、文化、社会管理等各方面领先于世界。2014 年，美国的 GDP 总量是 16.197 万亿美元。经济方面的统摄力在中国的强力追赶下，已不像从前。但是，美国社会所展现出来的价值观、凝聚力、创造力，美国社会管理的效率，美国的慈善文化土壤，是他国无法比拟的。它是典型的公民社会，个人追求时尚与个性、公益互助与志愿精神。美国是竞技体育第一强国，同时又是大众体育强国。广泛的大众体育基础是美国竞技体育长盛不衰的关键所在。学校体育活动、校外体育俱乐部、业余运动竞赛等共同构成了美国体育人才培养的体系。在美国的高校里，最受人尊敬的，第一是学习成绩好的优等生，第二就是校运动队的运动员，而校队教练员往往拥有富豪级的薪水。据统计，美国中小学学生参加课外体育活动人数超过总人数的80%，课外活动时间 5～12 年级平均每周 12.6 小时，其中 7～9 年级体育活动时间最长，平均每周 13.2 小时，10～12 年级减少为 12.1 小时。具体分析，主要有以下几方面。

第一，文化层面。美国是世界上慈善捐款最兴盛的国家，也是按人口比例志愿者数量最多的国家，目前慈善机构手中掌握着 GDP 的 10% 的财富。宗教的影响使个人财富的处置方式比较独特，与同是发达国家的英国、法国、德国等也有区别。每年，每个美国人要将收入的 1.8% 进行捐赠，每个美国家庭贡献志愿劳动所创造的价值占家庭总收入的 2.36%。与中国恰恰相反的是，美国个人捐赠高达 70% 以上，远超过企业的捐赠。穷人其实比富人更为慷慨——美国低收入人群用于捐款的财物占其总收入的 5% 以上，高于富人的比例。美国文化具有慈善的基因，受基督教“人生来有罪”思想的影响，人要想进入天堂只能将全部财富都捐赠出去。钢铁巨头安德鲁·卡内基曾说：“人死富有，死而蒙羞。”①

第二，政策层面。美国立法成熟，体育政策涉及面广。美国体育及其政策演进经历了放任（1885 年前）、发育（1885—1930 年）与成熟巩固（1930 年后）三个历史时期②。美国体育政策由放任走向自由发展阶段的标志是 1885 年美国体育促进会成立，也就是现在的“美国健康、体育、娱乐和舞蹈联盟”的前身。它开启了美国体育教师、教练员职业训练的大门，精确定位了美国规模化生产、培育高水平体育专业人才的准确时间③。1975 年，福特总统成立了“奥林匹克项目总统委员会”。1978 年美国国会通过了《业余体育法》。

从美国的社会组织数量来看，政府是鼓励其发展的。同时这些组织还起到了拉动经济、促进就业的作用。符合税法 501（c）（3）条款的组织，通常致力于健康、教育、宗教、科学或其他公共利益领域。当个人或公司向它们捐赠的时候，个人或公司可以获得税款抵扣（tax de-

---

① 南方周末．美国为何慈善兴盛［EB/OL］．http：//www.infzm.com/content/50639.

② 龚正伟，肖焕禹，盖洋．美国体育政策的演进［J］．上海体育学院学报，2014，38（1）：18－24.

③ LEE M. A history of physical education and sports in the U. S. A［M］. Hoboken：Wiley，1983.

duction）的优惠。人们通常所说的（狭义的）社会组织主要是指这些501（c）（3）条款提到的组织[①]。

第三，现实状况。在美国，社会组织是以他们的税收地位确立的。年收入5000美元以上的社会组织，可向国内税务局申报免税资格。但这一部分社会组织只是狭义的社会组织。在美国，广义的社会组织还包括数百万家没有登记的社会组织。根据学者David Horton Smith等的估计，这类没有登记的社会组织总量可能占到所有（广义的）社会组织的90%[②]。数据表明，美国社会组织数量极其庞大，仅在国税局获得免税资格的社会组织数量已经接近160万家；另外，美国还有大量没有登记注册的社会组织[①]。根据美国国内税务局公布的数据，截至2010年8月，在国内税务局登记的社会组织总计达到157万家，其中包括了近100万家公共慈善组织和近12万家私人基金会。同时，美国的社会组织正逐步呈现出国际化发展的趋势，通过三种渠道：①以文化方面的人道主义作为国际发展的基础；②通过培养专业人才，作为技术性手段；③利用宗教网络、发展民间社会网络和多边渠道。

美国的体育社会组织，散见于教育、文化、健康、人群服务以及公共和社会利益领域。美国税法将体育社会组织的收入分为免税收入、与免税收入无关的免税收入，与免税收入无关而征收的收入[③]。有免税资格的体育社会组织可以全额免除所得税、财产税、失业税、营业税，其

---

① 徐正，邓国胜．美国非营利组织的规模与结构［J］．学会，2011（3）：3－6，16.

② SMITH D H. Grassroots Associations［M］. Thousand Oaks，CA：Sage Publications，2000.

③ CHIOU J，LI P. Functional clustering and identifying substructures of longitudinal data［J］. Journal of Royal Statistical Society，2007，69（4）：679－699.

中所得税是该组织经营促进组织目标的活动而获得的收入，财产税是免除组织名下的土地和房产税收；与免税收入无关的免税收入包括红利、利息、租金、使用费等投资收入。与免税收入无关的营利活动必须课税，并且这类营利活动不能超过年活动的50%。所获得收入也不能超过年收入的50%；在此基础上，各州还自设一些优惠税种，例如：加州政府为帮助社会组织筹资，规定购买社会组织的特种债券的利息可免税①。在所得税方面，向取得免税资格的社会组织捐赠的个人允许税前扣除的最高限额为总收入的50%左右，公司法人允许税前扣除的最高限额为总收入的10%。同时，公司法人向取得免税资格的社会组织捐赠，捐赠款不超过3%的部分免除各项税收。在财产税和遗产税方面，只允许个人捐赠，捐赠部分免税，这种税制促使个人通过捐赠财产或遗产回避高额税收。捐款方式除了成立私人基金设立会加入专项基金之外，还有订立慈善信托契约、捐赠股等形式②。

美国社会体育和社会体育组织的发展，如同美国的体育和体育政策发展一样，经历了一个比较漫长的发展阶段，从放任期到成熟期用了100多年的时间。社会组织从出现到获得政府默许、认可直至得到法律地位，都经历了这样一个漫长的过程。这一过程体现为在福利多元主义的影响下，政府在社会福利方面的无力与经济部门过分竞争的结果。虽然在社会背景、政策、资金来源和俱乐部的发展等方面与我国有很大差

① 董伦红．数据包络分析（DEA）方法在体育评价中的应用［J］．西安体育学院学报，2004，21（2）．

② 王晓芳，张瑞林，王先亮．中外体育非营利组织税收优惠比较研究［J］．成都体育学院学报，2014（2）：21－25，32.

异，但体育社会组织也可以从中找到发展经验。

（二）日　本

日本与中国一衣带水，有着近似的民族文化传统。从历史学的角度来看，日本人的集团意识是在长期接受汉民族习俗与儒学思想熏陶的影响下所形成的[①]。日本是高度发达的资本主义国家。2014 年，日本人均 GDP 达 3.62 万美元，位列世界第 12 位。日本发达的资本主义经济、快节奏的生活、高密度的人口压力并没有影响日本人的健康。相反，日本是世界上人口长寿的国家之一，连续 20 年居世界第一。2011 年日本人平均寿命就达到了 83 岁。除了饮食结构方面的优势以外，大众体育对日本人健康水平的推动起到了关键的作用。对一个只有 1.3 亿人口的国家来说，日本在国际竞技体育方面取得的成绩是非常好的。同时，日本的体育社团、学校体育俱乐部、综合型社区体育俱乐部等的发展，也对日本的大众体育开展起到了促进作用。第二次世界大战给战争发起国之一的日本带来了沉重的打击，日本民众的生活环境和社会体育活动从 20 世纪 60 年代开始，随经济的迅速发展，开始有了很大的改善和提高。到了 20 世纪 70 年代，国民的社会体育活动开始盛行。

1. 体育政策方面的变迁

东京奥运会的召开，将日本竞技体育推上了一个新的高度。在东京奥运会之前的 1961 年，日本第一部体育法律《体育振兴法》颁布，这

① 涂荣娟．论日本人的集团意识与日本社会现代化［J］．西华师范大学学报（哲学社会科学版），2004（4）：49－52.

部法律在推动日本体育发展过程中发挥了巨大作用。2000 年日本政府依据《体育振兴法》又颁布了《体育振兴基本计划》[①]。在社会发展的不同时期，日本政府通过不断调整政策内容，来促进学校运动部、体育少年团和综合型地域体育俱乐部的建设与发展。政策的更迭为我们展示了日本青少年课外体育活动的发展脉络，如其卓有成效地利用社会资源、导入指定管理者制度、确立 NPO 法人身份、预防过度竞技和重视青少年体育组织建设等方面的政策措施[②]。在日本，体育归属于教育，各市、地区设有教育委员会。教育委员会内设有体育课或是体育振兴室。日本的大众体育管理体制完善，“服务”是政府对大众体育管理的宗旨。基层体育组织自由度比较大，充分体现了“民本位”的管理思想。在社区体育的运行模式上，社区体育俱乐部活动是大众体育活动的载体，依托社会体育指导员和志愿者，充分发挥社区体育场地设施的基础作用，充分调动了社会的积极性和创造性[③]。

2. 日本社会体育组织的资金来源渠道

和竞技体育一样，社会体育的开展同样需要投入相当的经费。日本社会体育运营经费来源大致有以下三方面：第一，国家政府部门与地方政府部门共同投入；第二，参加者交纳的费用；第三，社会团体企业等

① 孙丽斌．日本 NPO 社会体育组织的构建［J］．体育世界（学术版），2009（9）：77－79.

② 李冰，周爱光．二战后日本青少年课外体育活动的政策及启示［J］．体育与科学，2012，33（6）：106－112.

③ 李明，秦小平．日本大众体育管理体制及社区体育的运行模式和特点研究［J］．浙江体育科学，2009，31（5）：12－14.

各界的资助①。日本体育振兴的财政来源主要是租赁费、社会保险费、公营竞技费彩票、体育振兴彩票等。同时，还有地方公共团体的独自税源、国库辅助金和地方交付税等②。

3. 日本体育社会组织的发展状况

2005年，日本10～19岁青少年加入课外体育组织活动的比例为46%，约有5.9191万10～19岁青少年加入了不同的青少年体育组织之中③。2000年以后，日本社区体育发展以综合性社区体育俱乐部为主要模式。综合性社区体育俱乐部通过多方协调运作、经营资源的整合，赢得了本国社会的认可和信赖，被视为日本“终身体育”得以实现的最基层组织和关键所在④。在日本体育社会团体中，学生体育联合会是一类很重要的组织。全国的学生体联及下设的各都、道、府、县级体联和市、区、町、村级体联，在日本的青少年体育工作中担负着重要任务。学生体联组织各类体育活动和比赛，保障学生科学、安全地参加体育活动⑤。1993年，日本开始了扎根社区的新型俱乐部的建设。主要的俱乐部形式有社区体育俱乐部、学校体育俱乐部、民间体育俱乐部等。日本

① 杨斌．中日两国大众体育发展的比较研究［D］．重庆：西南师范大学，2005.

② 孙丽斌．日本NPO社会体育组织的构建［J］．体育世界（学术版），2009（9）：77－79.

③ 小野清子．スポーツ白書―スポーツの新たな価値の発見［M］．東京都：SSF笹川体育財団，2006：61－76.

④ 于文谦，韩伟，王乐．日本综合性社区体育俱乐部的发展［J］．体育学刊，2007，14（7）：43－45.

⑤ 王书亭．借鉴日、韩大众体育经验促进我国大众体育发展［J］．承德石油高等专科学校学报，2005，7（1）：50－53.

的民间体育俱乐部以私营为主，且规模一般不大，在面积较小或较偏僻的社区多见，但经营方式灵活多样，活动项目较有特色，所以有很大的发展空间。日本的民间体育俱乐部大多是健身型俱乐部。民间健身俱乐部共有会员357万人（男166万人，女191万人），约占全国总人口的3%①。日本综合型地域体育俱乐部非营利法人身份的确立，为日本公共体育服务的发展带来了新思路，这是日本体育体制转向“自立”的重要一环②。

“从审批制到认定制”的日本公益法人制度的修改，是公益性社会组织发展的巨大动力。日本当前的公益制度是：“一般法人”制度是公益法人的基本框架，一般法人法采用准则主义，只要满足法律规定的要求就可以登记成立为一般法人。公益法人首先要获得一般法人资格，在此基础上再获得公益认定，才能成为公益法人。在此之前，日本沿用的还是1896年民法中规定的公益法人制度。新制度与以前制度的首要区别，就是由公益认定取代了主管部门审批③。

日本的社会组织存在了上百年的时间，从审批到认定的准入制变革，用了110年的时间。公益法人制度的改革在2008年才完成根本性改变。另外，当代日本的体育社会组织在运营上依然是“政府依存型”，以及对“终身体育”的误解及各团体组织协作不畅等问题，影响

---

① 张明刚．国际大众体育发展经验对我国社会体育发展策略的可借鉴性［J］．体育科研，2009（3）：3.

② 涂荣娟．论日本人的集团意识与日本社会现代化［J］．西华师范大学学报（哲学社会科学版），2004（4）：49－52.

③ 周江洪．日本非营利法人制度改革及其对我国的启示［J］．浙江学刊，2008（6）：142－147.

着日本综合性社区体育俱乐部的进一步发展①。随着日本大众体育的蓬勃发展，体育市场日渐被看好。很多企业、个人投资进入大众体育领域，这些组织一般也是以盈利为目的，但这类组织在为企业谋取利益的同时也促进了日本大众体育的发展。留给政府部门的，也是其公益价值、营利动机与税务等优惠之间的反复考量。

美国与日本的大众体育均比较发达，他们的社会体育和体育公益组织的发展脉络是值得我国借鉴的。经济社会背景、政策、资金来源以及具体的体育社会组织的发展，能给我国的体育类民办非企业单位带来一定的启发。

二、我国教育类民办非企业单位对体育类民办非企业单位发展的启示

我国人均占有的高等教育资源落后，而社会需求旺盛。通过比较教育类民办非企业单位（占民办非企业单位总数的56.9%）的发展状况，揭示同在我国的文化背景与法律体系下，教育民办非企业单位的发展对体育类民办非企业单位的启示。国家通过一系列政策解决这一突出矛盾，在理论和实践中均进行了较深入的探索。教育领域是社会力量较早进入的一个领域。《民办教育促进法》规定了民办教育的公益属性，现实中绝大部分的民办教育机构登记为教育类民办非企业单位。从《2014

① 于文谦，韩伟，王乐．日本综合性社区体育俱乐部的发展［J］．体育学刊，2007，14（7）：43－45.

年社会服务发展统计公报》的数据来看，在我国十类民办非企业单位中，教育类占了一大半以上（图14）。

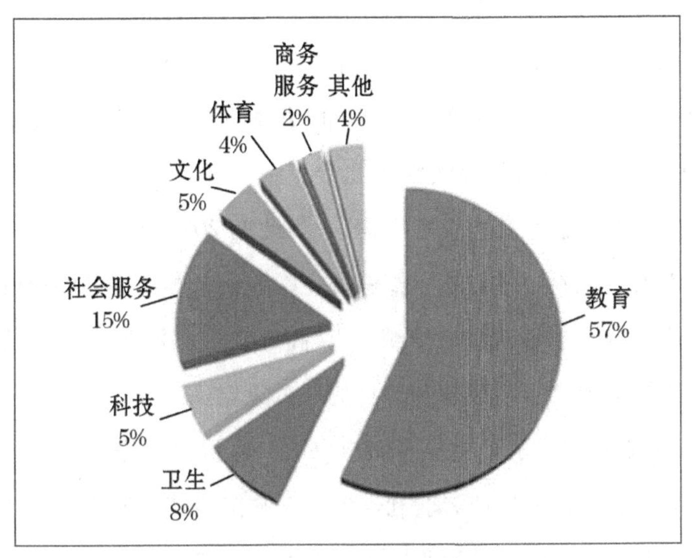

图14　各类民办非企业单位比例

（数据来源：民政部2014年社会服务发展统计公报。）

《民办教育促进法》规定：民办学校在扣除办学成本、预留发展基金以及按照国家有关规定提取其他的必需的费用后，出资人可以从办学结余中取得合理回报。对此，社会组织领域的学者、教育部门、政府部门展开了一场争论。“取得合理回报”的条款，可以看作社会组织“非营利性”的消失吗？以取得回报为目的的民办高校，还是社会事业吗？从客观上讲，目前《民办教育促进法》中的这一条款，符合我国的客观现实。一定程度上弥补了教育资源不足的掣肘，促进了国民整体教育水平的提高，客观上具有一定的社会公益性。

2015 年 8 月 24 日，在北京举行的第十二届全国人大常委会第十六次会议上，《教育法律一揽子修正案（草案）》经国务院讨论通过，并首次列入全国人大常委会会议议程，正式进入立法程序。草案明确允许营利性民办学校存在，这是为了消除探索民办学校分类管理的法律障碍，给教育行政部门留出探索、规范民办学校分类管理的制度空间。其中，1995 年施行的《教育法》第二十五条“任何组织和个人不得以营利为目的举办学校及其他教育机构”，修改为 2016 年施行的《教育法》第二十六条“以财政性经费、捐赠资产举办或者参与举办的学校及其他教育机构不得设立为营利性组织”。《高等教育法》第二十四条则删去了设立高等学校“不得以营利为目的”的规定。

《民办教育促进法》也同步做出修改，允许民办学校自主选择办学方式，登记为非营利性或者营利性法人，并按照其法人属性享受相应优惠政策；非营利性民办学校收费的管理方式由省、自治区、直辖市人民政府规定，营利性民办学校的收费标准由学校自主决定；相应删除民办学校取得合理回报的具体办法、经营性民办培训机构管理办法由国务院规定的内容①。

民办教育机构在社会探索过程中，紧密结合教育这一巨大的社会需求。民办教育机构快速发展，在实践运行中探索出了一条非营利组织发展的合理道路。统计数据也支持这一观点，2011 年我国民办高等教育的资产结构中，社会捐资仅为投资办学总额的 6% 左右，仅占当年高等教育总投入的 0.54%，同年民办高校办学经费来源组成中，来自捐赠

① 南方教育时报．明确允许营利性民办学校存在［EB/OL］．（2015－08－28）［2016－11－15］．http：//szjy.sznews.com/html/2015－08/28/content_3322686.htm.

的收入也仅占 0.33%。现有的 696 所民办高校（具备学历颁发资格）中，绝大多数均有要求取得合理回报的意向①。

民办教育机构作为我国民办非企业单位的主要组成部分，它的发展虽不能说是成功的，但却是走在了政策跟进与理论探索的前沿。国家教育资源的不足催发了民间资本进入教育领域。无论这些民间资本的运作是否属于教育公益或在多大程度上体现为公益，它都在客观上改善了我国当前教育资源不足带来的问题。只有发展，才能暴露出问题，才能引起关注，才能给出应对的方法。同样，休闲时代的到来，国家有限体育资源的供给与旺盛的社会体育需求，也是体育社会组织发展的外部动力，同时还需要对从事体育公益的社会组织的各种问题做细致的区分和给予不同的优惠政策。

① 王善迈．民办教育分类管理探讨［J］．教育研究，2011（12）：32－36.

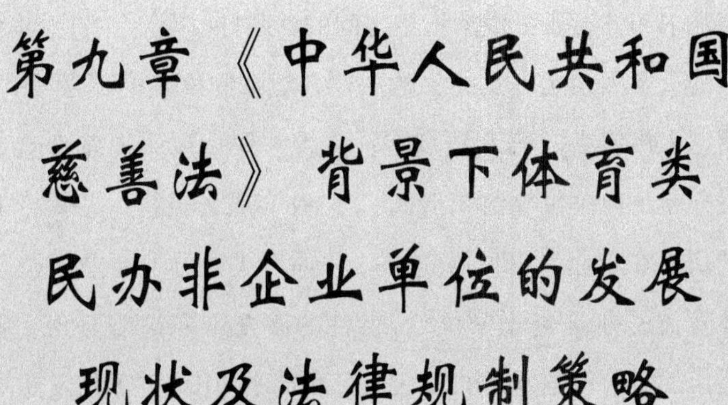

第九章《中华人民共和国慈善法》背景下体育类民办非企业单位的发展现状及法律规制策略

依法治体是“十三五”时期体育发展的基本原则之一。2016 年 3 月 16 日，国务院颁布了《中华人民共和国慈善法》（以下简称《慈善法》），并于 9 月 1 日起正式实施。《慈善法》第三条规定了促进体育事业的发展是我国慈善活动的领域之一。国家体育总局公布的《体育发展“十三五”规划》显示，截至 2014 年年底，全国经常参加体育锻炼的人数比例达到 33.9%①，社会体育需求巨大。体育社团、体育类民办非企业单位等社会组织是群众体育重要的承载部门，而目前我国登记注册

① 新华网．国家体育总局发布《体育发展“十三五”规划》［EB/OL］．（2016－05－05）［2016－11－15］．http：//news. xinhuanet. com/sports/2016－05/05/c_ 1118810780. htm.

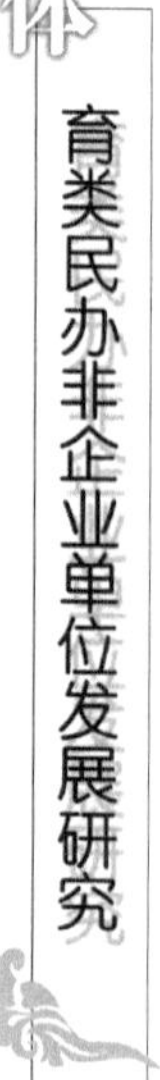

的各类体育社会组织仅3.7万个左右。日益组织化、科学化的群众体育离不开体育社会组织的支撑。在建设体育强国的背景下，群众广泛多元的体育需求与体育服务供给不足之间的矛盾日益突出。制约体育社会组织发展的重要因素之一是相关的法律、规章制度等的不健全、不完善、不适用。《慈善法》第八条规定：慈善组织可以采取基金会、社会团体、民办非企业单位等组织形式①。“社会服务机构”一称，取代了以前的“民办非企业单位”。相应的，“体育类民办非企业单位”也将改称“体育类民办非企业单位”。名称的改变带来组织身份、财产、人员、运作、监管等各方面的改变。民政部于2016年5月发布《民办非企业单位登记管理条例》修订案征求意见稿，8月29日发布《慈善组织认定办法》，后续衔接的法律法规正处在进一步的明确细化中。厘清体育类民办非企业单位的法律问题，统一理论体系与社会认知，协调法律规定与社会实践，对于体育类民办非企业单位发展、促进社会体育参与、提升体育慈善水平与体育文化，具有一定的理论与现实意义。

一、体育类民办非企业单位的发展状况与面临的法律问题

《条例》颁布二十多年以来，体育类民办非企业单位经历了一个快速发展的阶段，在提供公共体育服务、推动社会体育发展方面发挥了

① 中国政府网．中华人民共和国慈善法［EB/OL］．（2016－03－19）［2016－11－12］．http：//www. gov. cn/zhengce/2016－03/19/content_ 5055467. htm.

重要的作用。《2015年社会服务发展统计公报》[①] 显示，全国共有民办非企业单位32.9万个，其中，体育类1.4万个，占4.26%。每万人拥有体育社会组织仅0.7个（2014年），相对于群众体育需求，发展十分不足。我国现有的体育类民办非企业单位除了数量不足以外，规模普遍较小，公共性弱[②]，因而服务社会的整体效益欠佳。登记在册的体育类民办非企业单位中，注册资金10万元以下的占总数的90.7%，在县一级登记的体育类民办非企业单位注册资金则多为1万~3万元[③]。从我国社会体育的需求和未来体育产业在国民经济中所要体现的地位来看，体育类民办非企业单位的发展还十分不足。

法律问题是体育类民办非企业单位面临的最重要问题。首先，核心概念的清晰是一个行业发展成熟的标志。在影响体育类民办非企业单位发展身份地位、营利性与公益性、财产来源与使用、内部治理与监管等的诸多因素中，法律问题是首要的、决定性的问题。但是，由于“社会组织”这一概念是舶来品，在我国，对这类组织的接受与认识需要一个相当长的过程。即便在国外，此类组织的名称亦有多种，如民间组织、非政府组织、非营利组织、志愿部门、第三部门等。可见其本身便是一个异常繁杂的领域。其次，我国现有关于体育社会组织的法律法规，强

---

① 民政部门户网站．民政部发布2015年社会服务发展统计公报［EB/OL］．(2016－07－11)［2016－11－11］．http：//news. china. com. cn/txt/2016－07/11/content_38855906_7. htm.

② 邓国胜．中国民办非企业单位的特质与价值分析［J］．中国软科学，2006（9）：18－28.

③ 汪流，王凯珍．我国体育类民办非企业单位发展研究［J］．北京体育大学学报，2010（8）：23－26.

调的是高门槛严管制。随着时代的发展，法律规定的价值取向已亟待转变。相关法律法规或是体育社团相关内容的延伸，没有太多关注到体育与其他事业领域的区别。以体育社团代表全部体育社会组织的认识长期以来被奉为圭臬，这不仅体现在社会认识中，也可以在相关法律条文中找到踪迹。1989 年《社会团体登记管理条例》、1998 年《民办非企业单位登记管理暂行条例》、2004 年《基金会管理条例》等相关政策的颁布，在某种程度上是基于特定的历史事件与背景，法律突出强调的是管制性，而且这些政策法规的一个显著特点是立法位阶较低，对某些问题的处置乏力。最后，关于体育类民办非企业单位的法律法规体现为粗线条、不可操作，造成了组织发展的多种困境。登记注册过程烦琐，组织名称易生歧义，组织宗旨不鲜明，公益与营利混淆，人员身份与薪酬限定苛刻，税务优惠几乎成空谈，监督管理乏力失当等制约发展的这些问题，均需要从更高的立法层面予以解决。以上三个条例的修改已酝酿多年，《非营利组织法》等法律亦曾几经波折，呼之欲出，但终究没有呈现在公众面前。政府、理论界、实务界一直是在风险、利益及效率之间反复权衡。新颁布的《慈善法》对以上部分问题进行了说明。

二、《中华人民共和国慈善法》对体育类民办非企业单位规制的优化

（一）称谓：“民办非企业单位”更清晰地表达了组织性质与特征

“民办非企业单位”这一称谓自诞生之日起就充满了歧义。发起者、服务对象，甚至管理部门对这类组织的性质不甚了解，在体育领域更是与体育社团、商业体育俱乐部纠缠不清。《慈善法》将我国的民办非企业单位改称民办非企业单位，更清晰地表达了这类组织的组织性质与特征。1998 年，《条例》将我国这类财产聚合而成的、通过经营运作服务社会的公益组织命名为“民办非企业单位”时，主要考虑的是该类组织的资产来源为非政府部门，其宗旨又不同于企业。从定义的逻辑性来看，采用否定式定义效度较低。尽管《办法》对体育类民办非企业单位的定义进行了列举式补充，但是这一名称在使用中广受诟病，造成人们认识混乱。民办非企业单位之名称，过于强调“民办”，而实际上该类组织中，完全发自民间的却只有很少一部分，还存在官办民营、官办公助以及事业单位转型而来的各种情况。《慈善法》的颁布，意味着“民办非企业单位”这一名称的终结。对比后续《民办非企业单位登记管理条例》修订草案征求意见稿（以下简称“征求意见稿”）中对“民办非企业单位”的表述，从称谓的内涵与外延来看，体现为以下变

化（表3）。

表3 《民办非企业单位登记管理暂行条例》与《民办非企业单位登记管理条例》修订草案征求意见稿对比

	《民办非企业单位登记管理暂行条例》	《民办非企业单位登记管理条例》修订草案征求意见稿
称谓	民办非企业单位	民办非企业单位
定义	企业事业单位、社会团体和其他社会力量以及公民个人利用非国有资产举办的，从事非营利性社会服务活动的社会组织	自然人、法人或者其他组织为了提供社会服务，主要利用非国有资产设立的非营利性法人
发起主体	企业事业单位、社会团体和其他社会力量以及公民个人	自然人、法人或者其他组织
资产来源	利用非国有资产	主要利用非国有资产
非营利性指向	社会服务活动的性质	法人（或组织）的性质
法律身份规定	未做规定	法人

“民办非企业单位”这一名称的显著优点是，指明了这类服务的提供主体是社会。它区别于体育服务行政命令式的政府提供，也区别于追求利润的市场行为，更清晰地描述了这类组织的主体特征而不是过多地限制资金来源这一边缘特征（因为限定资金来源在操作中也很难把握），弥补了“非企业”这种表述可以指向“政府”“事业”而带来的含糊状态。从发起主体来看，民办非企业单位发起人的包容度更高。资产来源方面，认可了民办非企业单位的资产可以部分来自政府等国有资

产。对于非营利性，《条例》规定了业务活动的性质（第四条明确规定不得从事营利性经营活动），较大地限制了该类组织的业务范围。征求意见稿中规定的是组织的性质，即组织性质或宗旨是非营利性的，至于业务活动，并不认为从事营利性经营是违法的。此外，征求意见稿将民办非企业单位的登记类型统一为法人，取消了之前个人、合伙两种登记类型。按照法人治理结构和运作方式，有利于保持其非营利性。

从体育服务的角度描述这类组织显得更加清晰：体育服务可以由政府来提供——公共体育服务，由市场提供——私人体育服务，由体育类民办非企业单位提供——准公共体育服务（为主）。另外，这一名称还具有很强的开放性和包容性，如同企业可以有非利润导向的慈善行为，民办非企业单位的活动领域可以指向政府领域的慈善，也可以指向有一定收费的一般公益活动。将来在税法分级规定进一步跟进的前提下，甚至可以允许体育类民办非企业单位从事接近市场行为的经营性活动。

（二）直接登记：扩展了非法定体育组织的生存空间

我国对各类社会组织的管制倾向明显。双重登记与分级管理的制度造成了大量的社会组织难以获得合法身份，大量的民间草根体育组织面临着合法性的问题，社会效益难以发挥。十八届三中全会提出创新社会治理体制，激发社会组织活力。民政部规定行业协会商会类、科技类、公益慈善类和城乡社区服务类四类社会组织直接登记①。《慈善法》第十条规定：设立慈善组织，应当向县级以上人民政府民政部门申请登

① 民政部：四类社会组织直接登记 不必要审批将取消［EB/OL］．（2013－12－05）［2016－11－18］．http：//www.chinanews.com/gn/2013/12－05/5583640.shtml.

记，民政部门应当自受理申请之日起三十日内做出决定。符合本法规定条件的，准予登记并向社会公告；不符合本法规定条件的，不予登记并书面说明理由。《慈善法》以法律的形式明确了慈善组织的直接登记。这是效仿美国等慈善组织发达国家的立法经验，组织的合法性前提不由是否登记而获得，政府允许这类组织存在与发展。限定这类组织的实际是第二道门槛，即获得政府财政资助及免税优惠必须经过资格认定。《慈善法》附则第一百一十条、第一百一十一条规定：“城乡社区组织、单位可以在本社区、单位内部开展群众性互助互济活动。慈善组织以外的其他组织可以开展力所能及的慈善活动。”这是开放性条款，实际上承认了法定慈善组织之外的组织开展慈善活动，等于承认了社区体育组织等草根组织的合法性地位。

放开慈善组织的登记管理，彰显了政府对社会事务管理的信心，同时，也让慈善回归其本原。《慈善法》给予了法人之外的组织和个人从事慈善活动的法律地位。在体育领域，非法定的体育社会组织，如草根体育组织、基层健身活动站点、网络体育组织等的数量比法定体育社会组织多十倍。在体育社团领域，政策与实践中已经出现了灵活的对待方式。“备案制”赋予自发性健身活动组织一定的合法性，但尚未从根本上解决其合法性问题①。尽管直接登记在后续衔接《慈善法》的《民办非企业单位登记管理条例》及《体育类社会组织机构登记管理办法》中会有怎样的表述及具体如何实施尚难确定，但是以《慈善法》的立法位阶之高而言，未来十分值得期待。登记方面的另一个变化是，征求

① 黄亚玲，郭静．基层体育社会组织：自发性健身活动站点的发展［J］．北京体育大学学报，2014（9）：10－16，49.

意见稿规定：在县级人民政府民政部门登记的民办非企业单位可以在其住地所在县级行政区域范围内设立分支机构。一地一业一会的打破，意味着在同一区域内，可以出现业务范围类似的多家体育协会及体育类民办非企业单位，为促进业内竞争，加速组织成熟，形成良好的行业生态，扫除了制度障碍。

（三）组织财产：来源更加广泛、多元

直接登记打破的是各类组织成立的高门槛，发展状况还取决于资产的来源渠道、多寡及使用方面的限制。《慈善法》的亮点之一是公募权限有所放开。体育类民办非企业单位的财产问题，一方面体现着权利与义务之间的关系，另一方面影响着组织的生存与发展状况；一方面是如何看待体育类民办非企业单位的财产的公益产权属性，另一方面是组织财产的来源标示着政府对慈善事业的态度以及政府对公益运作方式的基本态度。从体育社会机构以往的发展状况来看，将发起资金视为捐赠并不被广泛认可，是否可以经营，经营中的收费多少也较难把握，盈余不得分配的底线也不具有操作性。《慈善法》的第三章到第六章均为慈善组织财产的相关规定，这也说明了财产对于组织的重要性。

1. 募捐权限放开，增加体育类民办非企业单位的资金来源

《慈善法》第二十二条规定：依法登记满二年的慈善组织，可以向其登记的民政部门申请公开募捐资格。第二十八条规定：慈善组织自登记之日起可以开展面向发起人、理事会成员和会员等特定对象的定向募捐。《体育类民办非企业单位登记审查与管理暂行办法》规定体育类民办非企业单位的资金来源主要有：第一，接受捐赠、资助；第二，接受

政府、企事业单位、社会团体、其他社会组织和个人的委托项目资金；第三，为社会提供与业务相关的有偿服务所获得的报酬；第四，其他合法收入。现实情况是，获取资金来源的这个排序，是将体育类民办非企业单位作为一个非营利组织，参照国际经验，组织资产的属性是社会公益财产，发起人注入的资金应被认作“捐赠”。《慈善法》第五十一条规定慈善组织的财产包括：第一，发起人捐赠、资助的创始财产；第二，募集的财产；第三，其他合法财产。新法肯定了募捐是慈善组织重要的资产来源之一。“募集的财产”一说与“接受捐赠、资助”一说，更加明确了民办非企业单位通过募捐获得发展资金的主体性资格。

《办法》对体育类民办非企业单位通过何种渠道、以何种形式接受捐赠与资助并未做出明确规定。在《慈善法》出台之前，募捐权主要是指基金会的一项筹措资金的权利，这是一种普遍的社会认识。体育类民办非企业单位的资金来源一方面依靠发起者的投入，另一方面就是运作过程中的合理回报。对于体育类民办非企业单位而言，由于规模与影响力较小，通过公开募捐获得资产的机会显然不如定向募捐多。《慈善法》中关于定向募捐的规定，一方面，给予了这种组织筹资方式的合法性地位；另一方面，明确了定向募捐的募捐对象，规范了募捐活动，厘清了募捐方、捐赠方的责任与义务。类似体育公益赞助、公益创投及企业体育冠名赞助等社企联合办体育的行为，将受到法律的明确支持与保护。

2. 慈善信托备案，催生大型体育类民办非企业单位

体育类民办非企业单位服务能力有限、社会效益不佳的一个原因是规模小、运营成本高。目前，体育类民办非企业单位的发起者与运作者

不分离，不仅不符合现代公益理念，也会萌生诸多弊端，如盈利倾向、寻租腐败等，造成社会公信力低下。同时，小规模的体育类民办非企业单位人员短缺、决策执行与监管不分离、志愿失灵现象非常普遍。《慈善法》第四十条明确指出："本法所称慈善信托即公益信托"，同时第四十一条规定："设立慈善信托、确定受托人和监察人，应当采取书面形式。受托人应当在信托文件签订之日起7日内将信托文件向受托人所在地县级以上人民政府民政部门备案。"民政部门备案制的规定解决了困扰公益信托多年的管理机构审批问题，制度上的破局，使公益信托有望被真正激活。这不仅让公众有了从事慈善事业的新途径，更为关键的是，慈善信托在尊重捐赠人（委托人）意愿方面有着不可替代的意义和价值。《慈善法》明确通过备案可以进行慈善信托，解决了长久以来慈善信托落地难的困局。发起者与运作者通过承托与受托的方式得以分离。一是提高了组织的专业化水平，二是拓展了除体育赞助以外向体育投资的新形势，三是有利于大额的捐赠通过信托的方式进入体育领域，形成较大规模的体育类民办非企业单位。体育类民办非企业单位只有形成一定的规模，才能摆脱深陷生存泥淖的状态。规模化的民办非企业单位所提供服务的单次成本随边际效应递减。

对于组织既有资产的运作，《慈善法》第五十四条规定：慈善组织为实现财产保值、增值进行投资的，应当遵循合法、安全、有效的原则，投资取得的收益应当全部用于慈善目的。此款是将《基金会管理条例》中比较成形的做法延伸至社团及民办非企业单位领域。目前，社会上体育类民办非企业单位同时登记为企业的情况比较多，这种双重身份常被认为是钻政策漏洞。《慈善法》对于组织资产运作的规定，为体育

类民办非企业单位合理开展经营性活动给出了清晰的法律表述。

3. 捐赠票据规范，激发民间捐赠热情

2014 年，美国慈善捐款总额达到 3580 亿美元。2015 年我国的 GDP 已经接近美国的 60%，然而我国的捐赠总额还在 1000 亿元左右[①]。英国慈善救助基金会公布的 2015 年世界捐献指数中，中国只排在第 144 位[②]。我国的民间捐赠热情之所以不旺盛，与既有的法律对捐赠凭据的规定有关。全国 65.8 万家社会组织中仅有 4000 家可以领到捐赠票据，仅占 6‰。2011 年开始实施的《公益事业捐赠票据使用管理暂行办法》规定，可以申领捐赠票据的单位包括各级人民政府及其部门、公益性事业单位、公益性社会团体及其他公益性组织。财税〔2008〕160 号文件规定，通过财政、税务、民政三部门联合认定的具有公益性捐赠税前扣除资格的社会组织属于公益性社会团体。由于文件将申请资格限定为基金会和少数社会团体，并且需要联合认定，大多数社会组织目前并没有这一资格。《慈善法》第三十八条规定，慈善组织接受捐赠，应当向捐赠人开具由财政部门统一监（印）制的捐赠票据。2016 年 2 月下发的《关于进一步明确公益性社会组织申领公益事业捐赠票据有关问题的通知》中，明确了在民政部门依法登记，并从事公益事业的社会团体、基金会和民办非企业单位按照《公益事业捐赠票据使用管理暂行办法》规定，可以到同级财政部门申领公益事业捐赠票据。对受捐赠的民办非企业单位，可以部分免除营业税和所得税。对于捐赠方而言，个人和企

---

① 王勇．公益组织申领捐赠票据不再是难题［N］．公益时报，2016-03-15（3）．

② 央广网．我国审议通过首部慈善法 盘点各国怎样监管慈善事业［EB/OL］．（2016-03-19）［2016-11-30］．http：//china.cnr.cn/qqhygbw/20160319/t20160319_521657034.shtml.

业所得税减免便获得了凭据。此举将在一定程度上激发民间的捐赠热情。只有认可民众对那些非官方背景的社会组织的捐赠，且给予捐赠方明确的所得税税前扣除优惠，才是从总体上提升我国社会捐赠水平的有效途径。

三、《中华人民共和国慈善法》对体育类民办非企业单位的规制存在不足

（一）大慈善观与传统慈善观的差异造成认知混杂

1.《慈善法》中缺乏对“公益”的严谨表述

我国是一个有悠久的慈善传统的国家，但我国又缺乏现代慈善与公益基因[①]。法律规定必须要以思想认识为基础来深化引领。英国慈善法（2006 年）规定了 13 个慈善事业领域，包含“发展业余体育运动的事业”。英国对慈善组织的界定，至少包含如下几个方面：第一，活动目的。这体现在组织宗旨中。第二，活动领域。随着人权概念的发展，将体育纳入慈善领域是合情合理的。第三，公益性，即需要同时满足公共性与有益性。由于体育类民办非企业单位的经营性特征，服务定价也体现着组织的公益性大小。我国《慈善法》第三条规定了包括扶危济困、

① 李培林，徐崇温，李林．当代西方社会的非营利组织：美国、加拿大非营利组织考察报告［J］．河北学刊，2006（2）：71－80.

救孤减灾、促进科教文体事业发展等公益活动均属慈善活动。大慈善观实际上更加接近公益性的概念，它不仅包含提供基本安危生存、衣食住行等的小慈善，还包含提供满足公共利益的服务。英国的慈善法在介绍了慈善组织的含义后，又着重界定了慈善目的、公共利益测试及公共利益需求运作指南①。我国的《慈善法》在此方面却无严密的表述，因而，在社会认知方面会产生一定的问题。公益性是一切社会慈善事业的核心理念和根本属性②。体育社会服务不同于传统的慈善。传统观点认为，慈善、互益、公益是并列的概念。根据人的需求的刚性程度区分，体育需求并非生存、安全、教育等最基本需求。因而，体育与慈善是有一定距离的。

此外，在我国的政府文件中，对该类组织的描述也存在一定歧义。2007 年 10 月党的十七大报告中，首次使用"社会组织"一词涵盖社团、基金会和民办非企业单位。社会组织被广泛接受且被认为是三大组织的上位概念，统一了之前曾使用的非营利组织、非政府组织、民间组织等称谓。《慈善法》中规定了慈善组织的三种形式，意味着慈善组织成了三大组织的上位概念。那么，慈善组织与社会组织是什么关系？《慈善法》中还两次提到了非营利组织，那么，非营利组织与社会组织又是什么关系？不能被认定为慈善组织的非营利组织是一种什么组织？

2. 体育慈善研究多指向传统慈善领域

科学研究体现了社会认知。在中国知网中以"体育""慈善"为检

---

① 杨道波．国外慈善法译汇［M］．北京：中国政法大学出版社，2011.

② 徐彤武．英国慈善火管家：慈善委员会如何管帐［N］．中国社会报，2012－12－21（006）．

索词进行高级检索，共检索到相关文献65篇。使用Rost Nat 4.6文本分析软件，以有效检索结果的篇名（共60篇）进行词频分析，结果如表4所示。

表4　体育、慈善词频结果统计表

高频词	慈善	体育	慈善事业	体育明星	基金会	体育比赛	残疾人
词频数	48	39	14	6	3	3	2

可以看出，在体育慈善领域，人们关注的主要是体育明星、体育赛事、基金会、残疾人等方面的问题，以及金融业与体育用品产业对特定“弱势”体育群体的关注问题，几乎没有社会组织、非营利、业余体育、俱乐部等体育“大慈善”观下的核心概念。这与《慈善法》中惠及大多数人群的体育服务类慈善有较大差别。

对检索结果进行筛选，去除单纯研究国外体育慈善问题的论文、含有指示性或报道性摘要的论文、报刊文章等，共获得32篇文章摘要。使用Rost Nat 4.6文本分析软件构建语义网络分析图（图15）。

语义关系强度揭示的主要信息是：当前关于体育慈善的研究，主要集中在体育慈善事业的意识、组织、相关制度、运作机制与政府、市场及文化之间的互动关系，以及当前存在的不足与完善策略。文献基本上指向了小慈善，较少以体育类民办非企业单位提供体育服务这种“大慈善”的视角探讨体育慈善问题。

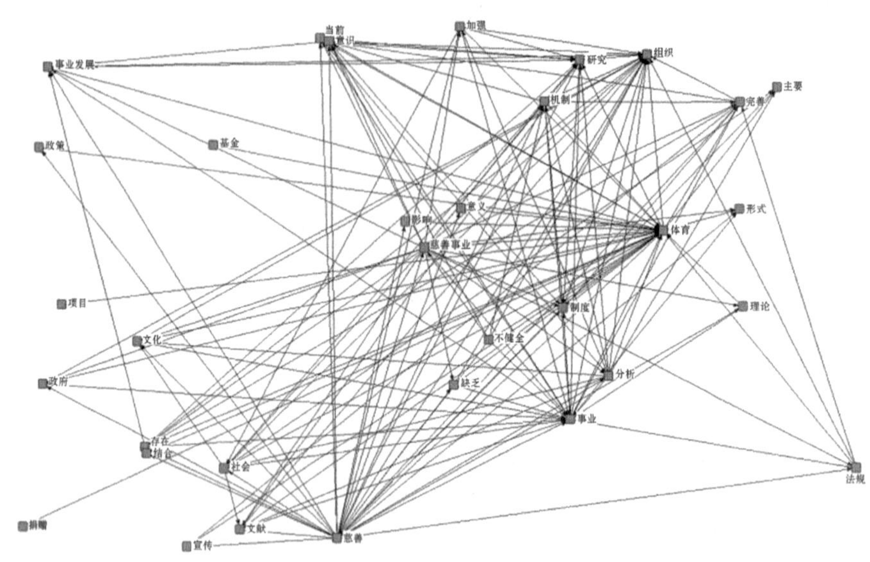

图 15　检索结果语义网络分析图

（二）管理费用不超 10％的规定不适用于体育类社会服务机构

志愿失灵是社会组织发展到一定阶段普遍面临的问题。《慈善法》基于志愿失灵而造成慈善组织社会公信力下降的客观实际，明确规定了管理费用不超当年总支出的 10％。这种笼统的、不区分慈善事业领域及慈善组织类型特征的规定，不利于小型体育类民办非企业单位的运作。10％的管理费用虽未具体指向民办非企业单位，但是很容易影响到行业生态。管理费用还不同于管理成本，后者有一定的操作空间，甚至可以将智力等无形成本计算在内，而管理费用则是对组织财务的具体规定。虽然加强这方面的管理容易使慈善机构赢得社会声誉，但“一刀

切”式地限定管理费用也不尽合理。依组织规模、涉及领域、运作方式而言，1%的费用可能也隐藏着腐败，50%的管理费用也可能不够①。以慈善组织为例，国外慈善组织分类管理的标准类型主要有法人与非法人、财团法人和社团法人、公募慈善组织与私人基金会、资助型慈善组织与运作型慈善组织、较大与较小慈善组织。英国慈善法中有关于小型慈善组织和地方慈善组织的相关条款。慈善组织的慈善受托人可以认为相对于该慈善组织的设立目的，其财产规模太小，使得单凭收入的支出不足以实现该组织的任何实用性目的，因此可以决定该慈善组织免受适用于其永久性的捐赠基金的、关于其资金使用方面的限制②。

体育类民办非企业单位的规模往往较小，其管理费用常高于其他较大规模的民办非企业单位、社团和基金会。大多数注册资本在 10 万元以内的体育类民办非企业单位的员工只有 3 ~ 5 人，甚至更少，这些员工（包括发起人）时常作为慈善服务的直接提供者。如果将这部分薪资、补贴等计入慈善组织的管理费用，10%的规定就显得非常严苛。因此，在不明确慈善支出与管理费用的具体项目前，用 10%的年度管理费用的规定限制体育类民办非企业单位，会加剧组织财务状况的紧张，限制组织慈善活动的开展。

（三）税务优惠措施对体育类民办非企业单位的促进作用较小

利用税收来促进和调控慈善事业，是各国通行的做法，我国也是如

① 慈善法：以法促善第一步［EB/OL］．（2016 - 03 - 22）［2016 - 12 - 11］．http：//news. 163. com/16/0322/17/BIPDL85H00014AEE. html.

② 解锟．英国慈善信托制度研究［D］．上海：华东政法大学，2010.

此。《慈善法》将慈善组织、捐赠人、受益人三方，统筹考虑到税务优惠体系中。《慈善法》规定：企业慈善捐赠支出超过法律规定的准予在计算企业所得税应纳税所得额时当年扣除的部分，允许结转以后三年内在计算应纳税所得额时扣除。这将进一步促进大额捐赠的出现，也对出台更多的促进慈善事业发展的税收政策具有引领作用①。但除此之外，《慈善法》中税务优惠没有能够进一步落实。关于税务优惠只是从法律意义上，规定了慈善组织及其取得的收入依法享受税收优惠，还停留在“精神鼓励”的层面，没有改变现有的税收优惠政策是特惠制而非普惠制，优惠并没有普及所有的社会组织的状况②。解决民办非企业单位财税问题，财产性质首先要有清晰的认证，财税政策才可能顺利出台③。由于税法和慈善立法不对接，《慈善法》中的核心概念“慈善组织”缺乏实质性法律内涵，其促进性意图可能面临空置或“鸡肋”选择的尴尬境地④。对民办非企业单位的财产属性不够明确，《慈善法》中对组织税务优惠的法条表述已经触及了公益产权的天花板。对于慈善组织税务优惠的这种过度审慎，是为了限制非营利组织的商业化行为，防止其成为个人利益输送的工具。随着慈善组织商业活动日益普及，慈善组织

---

① 陕西省民政厅．《慈善法》的十大制度创新［EB/OL］．（2016－03－09）［2016－11－16］．http：//shaanxi. mca. gov. cn/article/llyj/201603/20160300932627. shtml.

② 陈金罗，金锦萍，刘培峰，等．中国非营利组织法专家建议稿［M］．北京：社会科学文献出版社，2013.

③ 金锦萍．论我国非营利组织所得税优惠政策及其法理基础［J］．求是学刊，2009，36（1）：85－91.

④ 贾西津．《慈善法》是有待支点的杠杆［J］．浙江工商大学学报，2016（3）：94－98.

的行为边界发生了变化，同时也造成了监管上的真空。然而，在我国出台的《慈善法》中并未对此现象给予因应①。

原则上是不对慈善组织征收营业税的，但在实际管理中，很多税务部门并不认可民政部门对体育类民办非企业单位的非营利性身份的登记。另外，政府购买公共体育服务的所得税，在相关税务规定中，是不予免除的。政府购买社会组织的公共体育服务的资金本不宽裕，不仅要被征收所得税，还要面临经费支出的严格审计，这就影响了体育类民办非企业单位谋求行政性资金支持的热情。体育类民办非企业单位作为小型慈善机构（如果能被认定为慈善机构的话），其组织发展所需资金除了发起人投入外，最主要的来源是经营过程中获得的资金回报。对于捐赠人和受益人等方面的税务优惠政策，短期内尚难以对该类组织的发展起到实质性的推动作用。

四、体育类民办非企业单位的法律规制策略

（一）厘清体育民办非企业单位的法律地位是规制前提

体育民办非企业单位是一种运作型的、公益性社会组织。《慈善法》虽表达了将体育纳入慈善领域的含义，但不同的体育需求层级、不同的需求满足方式，意味着提供这种体育服务的组织可以是慈善组织，

① 李健.《慈善法》如何因应慈善组织商业活动？［J］. 浙江工商大学学报，2016（3）：99－103.

也可能是一般的社会组织。他们之间的从属关系如图 16 所示。体育类民办非企业单位中的一部分可以被认定为慈善组织，慈善组织是社会组织的下位概念，社会组织还包含那些不具有慈善性质的领域（如中介服务）或者互益性强的社会组织（如小规模的社团）。

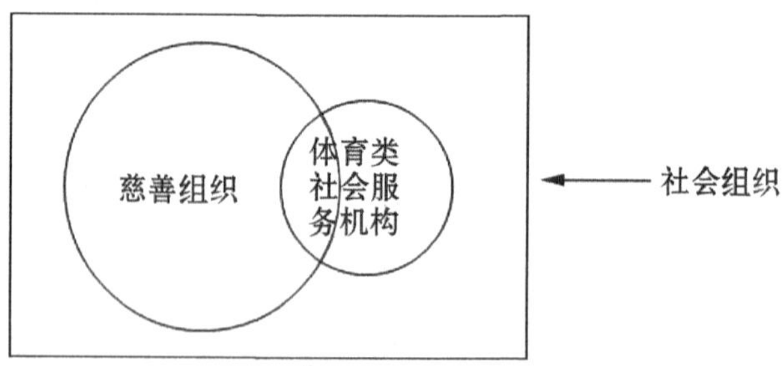

图 16　社会组织与慈善组织、体育类民办非企业单位从属关系

究竟哪些体育民办非企业单位可以被认定为慈善组织，这要结合《慈善法》《慈善组织认定办法》及《民间非营组织会计制度》等法律法规，从是否具有明确的慈善宗旨和业务范围、清晰的产权关系、完善的法人治理结构来衡量①。不能认定为慈善组织的体育类民办非企业单位现阶段的主要困难是年度慈善支出和管理费用难以符合相关法律的规定。这类组织虽没有达到慈善组织认定的标准，但也不同于市场部门和政府部门，也在通过组织的运作或者经营，客观上推动着社会公益的实现。现阶段《慈善法》的相关规定，有利于不能登记为慈善组织的体育类民办非企业单位明确目标，向社会组织治理的现代化转型。在未

① 大鹏．从“民办非企业单位”到“民办非企业单位”：《慈善法》第八条之“民办非企业单位”解读［J］．中国民政，2016（8）：46－47.

来，对于这类组织，除了《慈善法》背景下的《民办非企业单位登记管理条例》，还需要完善法人分类，在财团法人与公益产权的视角下，以更上位的社会组织法来进行法律规制。以不同的体育民办非企业单位的组织性质进行分类规制，是促进体育慈善事业、增进体育社会公益的前提。

（二）打破“上位法宽松、下位法趋紧”的规制取向

法治文明的进程是社会进步的体现。《慈善法》中规定了大量的政府促进措施，这些措施的目的究竟在于支持还是管理，这关系《慈善法》的目标选择和未来发展。以培育慈善组织自身能力为目标的促进措施，方可建构未来政府、个人、社会的共同治理模式①。我国最高立法机关是全国人大。广义上，国务院及各部委、地方政府等制定的行政法规、地方性法规及自治条例和单行条例等，作为人大立法的下位法，均具有法律效力。与《慈善法》相配套的下位法也应尽可能保证规制的连贯性。下位法应与上位法的扶植与培育趋同，而不是回到束缚与管制的老路上。作为《慈善法》后续衔接的《民办非企业单位登记管理条例》《体育类民办非企业单位管理办法》中的直接登记、拓展财源、税务优惠等方面的条款，要开创性地迎合《慈善法》的价值取向，积极调整姿态，理顺政府与社会、风险与机遇、法制与实务之间的关系。在价值观上，与政府治理向社会治理转向的理念相融合。

慈善组织的存在与发展，实际上关系到结社权的实现。各级地方政

---

① 胡敏洁．《慈善法》中的政府促进措施：支持抑或管理？［J］．江淮论坛，2016（4）：16－20，31，193.

府、管理慈善组织的行政部门由于更接近实务层面，面临着压力与风险，往往会倾向性地将操作空间收窄。这似乎形成了惯例，不仅体育法律法规领域，其他领域也一定程度地呈现这样一种特征。这一方面是因为各级民政部门繁重的工作压力及暂时性的业务能力欠缺（对各行业组织的慈善性质的认定），而更重要的一方面是尚未能够切实地解放思想。《慈善法》明确了新设立慈善组织向民政部门申请登记，既有的非营利组织向民政部门申请认定慈善组织。但《民办非企业单位登记管理条例》修订草案征求意见稿依据党的十八届三中全会决议的要求表明，只有四类社会组织可以直接登记。基于此，体育类民办非企业单位很有可能面临仍旧无法直接登记的局面。体育类民办非企业单位实际上是一种运作体育的公益部门，而不是参与体育的互益人群。特别是在我国群众体育需求缺口巨大的情况下，将其视为非营利性公司性质亦无不妥。体育与政治的关联在今天休闲社会到来的背景下，正在融解。脱去政治外衣的体育，应加速回归到民众生活当中，回归到基础的人本与伦理。体育伦理催生体育立法，并改变着体育立法的目的①。

（三）取消前置审批，落实体育类民办非企业单位直接登记

双重管理体制目前尚处在调整完善的破冰阶段。征求意见稿规定科技类、公益慈善类、城乡社区服务类民办非企业单位实行直接登记。设立其他民办非企业单位，应当先经其业务主管单位审查同意。公益慈善类是指提供扶贫、济困、扶老、救孤、恤病、助残、救灾、助医、助学

---

① 胡伟，程亚萍．体育伦理视野下的我国《体育法》修订［J］．体育科学，2013（7）：76－87，97.

等服务的公益慈善类民办非企业单位，是大慈善观下的一个子类，主要是指服务对象指向组织外部的非特定多数人群，可以包含大部分的体育类民办非企业单位。大慈善观还包含着指向少数特定人的，或主要体现为互益性的组织，如自发性体育社团。如限制互益性体育社团、一般限制体育类民办非企业单位的登记，是不可取的。虽然体育并非人之根本性需求，但是随着社会的发展，根本性需求难以满足的人群越来越少。在大慈善观下，将民办非企业单位的直接登记部门设定在小慈善领域有失偏颇，限制了体育类民办非企业单位的发展。

这种分类进行直接登记的做法，实际上是从组织涉及的领域来区分的。如果以社团法人和财团法人进行分类，在体育领域的三类社会组织中，社团是社团法人，基金会和民办非企业单位则是财团法人。对财团法人的发起规制弱于社团法人是符合国际惯例和我国国情的。如果从社团与财团法人的互益性与公益性特点及对社会的贡献来看，体育类民办非企业单位更应优先发展。同时，这类组织可能带来的社会风险不像互益性社团组织，它更多地集中在经济领域。所以，应大胆探索体育类民办非企业单位的直接登记，以及互益性体育社团逐步放开直接登记。

（四）明晰体育类民办非企业单位的慈善支出和管理费用，保障组织基本运行之需

年度支出与管理费用的规定是为了促进慈善组织更多地进行社会慈善服务以及规避低效、腐败等慈善（志愿）失灵的现象。管理一个慈善组织比管理一个企业更加困难。企业要做的是以利润为导向，而慈善组织则需要创造性地满足社会多样化的需求。作为服务部门，体育类民

办非企业单位的工作不仅包含着体力劳动、脑力劳动，更包含着第三种类型的劳动——情绪劳动①。因而，对于体育类民办非企业单位的运作效率，即管理费用方面的规定，应该谨慎、细致。

《慈善法》中规定了具有公开募捐资格的基金会以外的慈善组织开展慈善活动的年度支出和管理费用的标准，由民政部门会同国务院财政、税务等部门依照前款规定的原则制定。原则性地规定慈善机构的慈善活动年度支出不低于上一年总收入的70%，年度管理费用不得超过当年总支出的10%。在具体实践中，这就需要结合特定的慈善活动领域及慈善组织规模等特征进行具体规制。即，将哪些支出视为慈善活动支出，哪些费用看作组织管理费用。2016年10月11日，民政部、财政部和国家税务总局联合印发了《关于慈善组织开展慈善活动年度支出和管理费用的规定》（以下简称《规定》）。《规定》列明了慈善活动年度支出和管理费用（表5），且区分了基金会与社会团体及民办非企业单位，区分了是否拥有公募权限。《规定》明确了最小规模的、不具有公募权限的民办非企业单位的管理费用比例可以达到20%。另外，慈善组织的年度管理费用低于20万元人民币的，不受年度管理费用比例的限制。

① HOCHSCHILD A R. The Managed Heart：Commercialization of Human Feeling［M］. Berkeley：University of California Press，1983.

表5　慈善组织慈善支出和管理费用表※

慈善支出	管理费用
直接或委托其他组织资助给受益人的款物 为提供慈善服务和实施慈善项目发生的人员报酬、志愿者补贴和保险，以及使用房屋、设备、物资发生的相关费用 为管理慈善项目发生的差旅、物流、交通、会议、培训、审计、评估等费用	理事会等决策机构的工作经费 行政管理人员的工资、奖金、住房公积金、住房补贴、社会保障费 办公费、水电费、邮电费、物业管理费、差旅费、折旧费、修理费、租赁费、无形资产摊销费、资产盘亏损失、资产减值损失、因预计负债所产生的损失、聘请中介机构费等

※ 根据《关于慈善组织开展慈善活动年度支出和管理费用的规定》编制。

这避免了“一刀切”式的对于慈善机构年度支出和管理费用的规定，各项费用支出有了操作性的依据。体育类民办非企业单位中多数成立不到两年，不具有公开募捐资格，且规模很小，一般难以达到年度管理费用20万元的规模，所以此规定对于体育类民办非企业单位是比较适用的。规定特别提出为提供慈善服务和实施慈善项目发生的人员报酬、志愿者补贴和保险等支出为慈善支出而非管理费用，这将极大地激发体育类民办非企业单位中的志愿者服务，并减轻组织负担。未来可以结合不同的体育项目的特征、所属区域等方面对管理费用的比例进行具体的规制，以及根据单次慈善活动的情况来具体规制管理费用。

（五）加强公益认定是落实税务优惠的前提

决定事物发展除了内部的形式因，还有外部的动力因。《慈善法》

及后续法规希望激发民办非企业单位活力，就必须在税务优惠上进行明确的推动。目前对社会组织的税务优惠不到位，一方面是由于各类管理部门，特别是税务部门对这类组织的性质认识不清晰；另一方面，是因为社会上有一部分登记为社会组织的体育类民办非企业单位实质上与企业无异。税收优惠可能令这类组织在市场上构成不正当竞争。那么，公益认定就成为落实税务优惠的前提。是否获得社会组织身份登记的组织就自动获得了税务优惠的资格呢？答案是否定的。基于目前民政部门在社会组织登记方面的实际工作情况，在登记时，再进一步辨识公益性差别来进行免税优惠认证，是比较困难的。就全部的社会组织而言，在大慈善观下，所包含的指向个体的慈善行为、指向组织内部的慈善行为（互益组织）、不含有明确的以物质投入为主要特征的经营行为的慈善活动等，均可以暂时不给予公益认定。但体育类民办非企业单位却是一种通过经营运作、提供有偿服务、促进社会公益事业的机构。

在英国，慈善的公益性标准主要通过慈善组织发布公共利益报告和慈善委员会对公共利益进行评估的途径得以实现①。进行公益认定，除了宗旨与活动领域之外，在多大程度上促进了公共性与有益性，也是一个重要标准，这主要体现在服务定价方面。《慈善法》规定了慈善组织为了实现资产的保值增值可以开展其他经营类业务活动。小型的体育类民办非企业单位能够通过其他非宗旨业务活动拓展组织财源的可能性较小，因为它们既没有精力，也没有业务领域之外的能力。那么，不妨允许其通过慈善服务定价的调整，扩大自身经济来源。在体育类民办非企

① 王涛．英国慈善法中的公益性标准及启示［J］．聊城大学学报（社会科学版），2014（4）：105－111.

业单位被认定为慈善机构的基础上，税务与体育部门需进一步以该组织的服务定价来做公益认定。从根本上来说，公益认定对于体育类民办非企业单位，就是从其提供体育服务的价格入手，区分不同的税务优惠级别。依据不同体育项目需求的刚性程度、不同体育项目的产业化程度，结合体育类民办非企业单位新的管理部门——行业协会对体育慈善组织的管理，共同制定体育慈善服务的指导价格。

第十章　发展路径：以公益认定与公益分级为基础的分类管理

一、公益的主观性与客观性的区分

德国学者诺伊曼 F. J.（Neumann F. J.）提出了“不确定多数标准”，认为“公共”的概念是指利益效果所及的范围，即以受益人的多寡的方式进行判定。只要大多数的不确定数目的利益人存在，就属于公共利益[①]。这是通常所说的广义的公益概念。狭义的公益强调的是其受益群体为不特定的弱势人群。如果根据广义的公益概念，那么民办非企业单位，无论其主要受益群体是能够按市场价格购买服务的群体，还是不能按市场价格购买服务的群体，都具有公益性，因为他们提供的科

① 倪斐．公共利益法律化：理论、路径与制度完善［J］．法律科学，2009（6）：38－50.

技、教育、文化、卫生、体育等领域的社会事业，都对社会有益，而且也是为不特定的多数人群服务。公益的概念是在不断地发展变化中的，公益的对应面是私益，但是在公益和私益之间，还有一定范围的共同利益，即共益①，也可以理解为“确定的多数人”的利益。公益和共益所对应的公共产品和准公共产品均是具有公益性的。从体育类民办非企业单位的业务活动来看，为了“不确定多数人”的利益为主观公益性，为了一定范围内的共同利益，活动兼顾了获取报酬与服务社会，则为客观公益性。

为了不确定多数人群的共同利益即为公益。在“公益—共益—私益”以及“慈善—公益—商业”之间的界分，是法律规制的前提。政府失灵、市场失灵与志愿失灵之间，是可以找到一个平衡点的。即在法律的规制下，以较小的志愿失灵挽回较大的政府失灵，达到社会公益的最大化。三元社会结构理论的分类并不是绝对的，而是无时无刻不处在动态的发展中。在市场领域，已经开始出现了所谓的“社会企业”。那么，在社会组织领域，企业化运作的体育类民办非企业单位同样应该获得它的合理身份地位与发展环境。各方利益关联的结点是公民体育公益的满足。将体育私人服务与产品排除在外，剩余的提供体育公共服务与产品的体育类民办非企业单位从事的活动均是公益性的。金·阿特洛的社会企业可持续性发展光谱②便说明了这样的一个过程。以追求社会目标为战略，创造经济价值的营利性企业，和通过商业操作追求社会价值的非营利组织，最终朝向一种经济和社会可持续性的平衡状态发展（图17）。

---

① 王名．非营利组织的社会功能及其分类［J］．学术月刊，2006（9）：8－11.

② 赵莉，严中华．国外社会企业理论研究综述［J］．理论月刊，2009（6）：154－157.

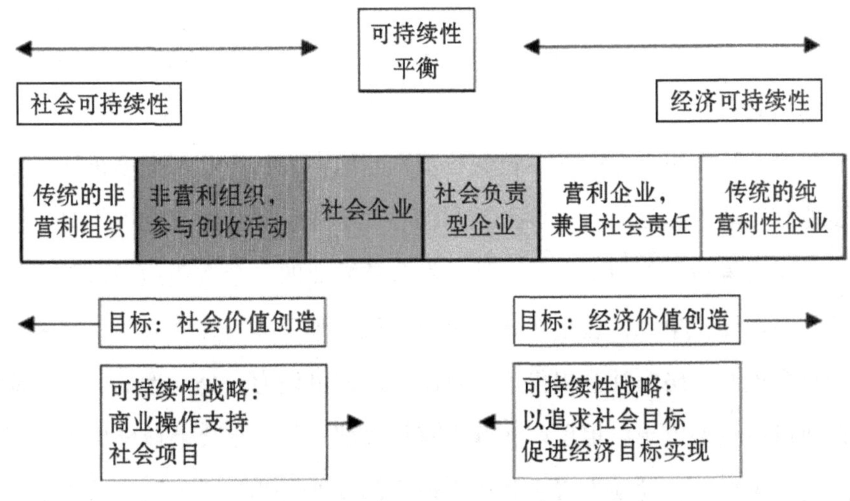

图 17　社会企业可持续性发展光谱

（资料来源：金·阿特洛绘制的可持续性发展光谱图。）

公共产品的外延随着公民体育需求的多元化发展呈现扩大化的趋势，与此相对应的，公益性的外延也应随之扩大。在体育类民办非企业单位明确组织宗旨的公益性的前提下，客观上从事了营利性活动而获得发展资金，同样也可以认定为公益性，即客观公益性。从民办非企业单位发展的两个方面考察：对经济的拉动和对就业的贡献，而这也是政府的利益相关所在，也是社会组织正外部性的体现。

将客观公益性作为体育类民办非企业单位发展的一种导向，在目前体育权利诉求逐步提升、政府职能转移以及三元社会格局日趋明显的情况下，尽可能地放手让体育类民办非企业单位通过经营性活动获得自身发展，是现实可行的道路。民办非企业单位的存在与发展，便是最大的公益。就现阶段而言，明晰体育类民办非企业单位发展的底线是盈余不

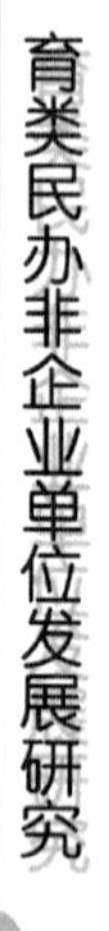

得分配，发展的边际是业务相关经营性活动。随着社会的发展，在中国社会慈善不足问题逐步得到解决的时候，体育类民办非企业单位的发展将会回到自己的核心本位。

对体育类民办非企业单位的价值判断取向，从主要判别动机转向更多地判定效果。这是在我国公益利他心理不强、社会经济发展不足、社会组织政策滞后的情况下，力促体育公益事业的一个重要途径。除政府外的一切社会单元，包括企业、事业单位、第三部门、个人等，只要以相对合理的价格向社会提供了体育服务，即可认为是公益性的。国家应该通过各种渠道予以报偿。我国体育行政部门作为社会事业领域里较早通过中央财政资助助力青少年体育俱乐部发展的部门，正逐步探索下一步发展的道路，如鼓励商业性体育俱乐部、企业等通过举办专题体育活动的方式，提供体育公益。体育行政部门可以通过协调各方关系，使一些发展较好的体育俱乐部、其他体育类民办非企业单位，逐渐承接部分学校的体育课教学和大部分课外体育锻炼、训练及比赛。北京世纪星滑冰俱乐部在这方面取得了一定的成绩。从商业部门转向体育公益的这些公司，具备良好的经营运作能力，就目前的情况看，社会企业从事体育公益的效率，比需要“输血”的体育类民办非企业单位情况要好。

二、由静态认定转向动态认定公益等级

（一）当前（静态）认定公益及免税资格的措施

当前我国法规制度、登记过程及免税优惠认定的过程相对简单粗

放。登记类型决定组织性质，并对组织不同时期的运作活动的优惠是一以贯之的。在《条例》及《办法》中的非营利组织性质的条款，认定了体育类民办非企业单位的公益性。财政部、国家税务总局重新发布财政部、国家税务总局《关于非营利组织免税资格认定管理有关问题的通知》（财税〔2014〕13 号），对非营利组织免税资格认定管理有关问题进行再次明确。与之前的政策相比，财税〔2014〕13 号将财税〔2009〕123 号中的“符合条件的非营利组织活动范围主要在中国境内”条款删除，即按照我国有关法律法规设立或登记的单位即使活动范围在境外，只要符合其他几项条件，也可以被认定为非营利组织享受免税优惠。社会组织发起登记时的组织性质，决定了该组织未来一贯的组织性质，是公益的还是互益的，是社团还是民办非企业单位，是法人还是个体。这种认定方式与我国对社会组织“重审批、轻管理”的工作思路是有一定关系的。

（二）动态认定公益性及其可能带来的制度变化

对于体育类民办非企业单位进行业务活动是否是公益属性的认定，动态性体现在三个方面：第一，体育类民办非企业单位拓展了有关宗旨的业务范围；第二，体育类民办非企业单位宗旨内业务活动单次服务价格的评判；第三，体育类民办非企业单位进行了有关宗旨和无关宗旨的业务活动。允许体育类民办非企业单位进行无关宗旨的经营性活动，可参照基金会可以进行稳定风险投资的做法。《基金会管理条例》第二十八条规定，基金会应当按照合法、安全、有效的原则实现基金的保值、增值。这表明了基金会可以进行稳定性资产投资的方式，从而获得资产

增值，并且体育类民办非企业单位比基金会可能进行的稳定性资产投资更具有操作性。因为我国大部分的民间主导型体育类民办非企业单位，实质上是发起人运作自有资产的一个过程。组织资产所有者的“不缺位”，会使无关宗旨领域的业务活动以“低风险、高稳定”的形式来运作。在未来的《社会组织法》或体育社团及体育类民办非企业单位管理条文中应明确规定，体育社会组织可开展经营性活动，可根据组织发展及资金需求，开展无关宗旨的经营性活动。税务部门可设立专门部门，动态确认体育社会组织及体育类民办非企业单位，在某一时段、某一类型，甚至是某一次的体育服务，是否是公益性质或多大程度上的公益性质，而相应课以商业税、部分免税或完全免税。我国经济发达地区的某些地方性法规，已经做了一定的尝试，如《昆山市公益性岗位开发认定管理办法》《海南省公益性岗位开发认定管理办法》《广州市社会组织财务管理工作指引》等，政府已经认识到，对公益性的认定，是给予组织各项优惠的前提和基础。

（三）动态认定带来的困难及对政府部门的新要求

我国政府部门及体育行政部门机构正逐步精简，人员进一步优化，职能日趋合理，但是仍然面临着工作压力大、头绪繁多的问题。究其原因，是政府仍在扮演着运动员与裁判员的双重角色，管了不该管、不用管、管不好的事情。从四类社会组织有序推进直接登记的状况来看，取消业务主管单位的前置审批，权限划归民政部门。但民政部门由于不具备专业业务能力，对于各类社会组织的登记显得谨小慎微，直接登记工作推进较慢。社会体育具有多元性，市场机制要求必须快速适应社会需求。未来会有各种新兴的、个性化的体育类民办非企业单位不断出现，也可能出现不仅民政部门不具备对这类新民办非企业单位审批的业务能力，甚至其曾经的前置审查部门——体育局，也对其所开展的活动并不通晓，因为一家体育类民办非企业单位也可能根据社会体育需求的变化及时拓展、更新业务领域。实际上，民政部门及其社会组织管理部门应该转移一部分精力，学习十大社会组织所涉及业务的知识。未来进一步开展社会组织的动态认定，这给民政部门提出了更高的要求。这不仅需要提高部门工作效率，还需要更多的各领域的专业人才。

公益认定过程需要明确三个方面的问题：认定主体、认定客体、认定标准。从我国国情来看，公益认定的主体不应该是民政、税务、业务主管部门或者第三方的“公益认定委员会”中的单一组织，而应该依靠密切联系民办非企业单位业务实践的税务与财政部门。由于规制信息不对称、可能带来的不公平以及认定部门过度自由裁量权可能引发的寻租，认定主体在目前直接登记造成的业务监管缺位的情况下，要求民办非企业单位管理部门的业务重心后置，即组织登记成立之后的各项工作（含公益认定）才是管理部门的工作重心。认定标准应主要依据体育类民办非企业单位从事的业务范围（项目）和价格因素。

三、以业务范围所涉及的体育项目进行分类

（一）现有的对体育项目分类的标准

整体而言，现有的对于体育的认识，更应称为对竞技的认识。因

此，体育项目的分类，也多以竞赛、胜负评判为标准。田麦久教授提出了著名的项群理论。项群理论认为，由于训练活动的基本任务在于提高和发展运动员的竞技能力。在体能类中有快速力量性、速度性、耐力性三个项群，在技能类中有表现难美性、表现准确性、隔网对抗性、同场对抗性、格斗对抗性五个项群①。项群理论对体育项目的分类，主要集中在竞技体育领域。将“体育”等同于“竞技”，体育就是竞赛的观点，被人们广为接受。体育类民办非企业单位面对的社会体育领域的基本特征是，并不要求有太高的运动技能及运动表现，且竞争性不高。为适应体育运动发展需要，进一步与国际接轨，统一标准，促进竞技体育科学、规范管理，需要对我国正式开展的体育运动项目进行重新分类调整，国家体育总局2006年12月发布了我国正式开展的78个体育运动项目。这78个体育项目中，33个为奥运会正式比赛项目，其他的如滑水、航模、热气球，甚至电子竞技等项目，标准也明确了人们对不同体育项目的认识。2015年9月公布的《国家体育产业统计分类》将体育产业范围确定为体育管理活动、体育竞赛表演活动、体育健身休闲活动、体育场馆服务、体育中介服务、体育培训与教育、体育传媒与信息服务、其他与体育相关服务、体育用品及相关产品制造、体育用品及相关产品销售、贸易代理与出租、体育场地设施建设等十二大类。

本研究希望我国社会体育领域开展的体育项目，以市场定价的方式进行一定分类。例如：贵族运动体育消费、时尚体育消费、公共空间体育消费等，就是从参与人群的经济接受能力来进行划分。在我国现有的

---

① 田麦久，麻雪田，黄新河，等．项群训练理论及其应用［J］．体育科学，1990（6）：29－35，94.

体育产业领域的行业划分中，类似于高尔夫球这样的，被归为娱乐行业，各项税费高昂，基本体现了一种国家限制其大幅度发展的取向。

（二）我国社会体育整体需求的分布

国家体育总局《2014 年全民健身活动状况调查公报》显示：6 ~ 19 岁儿童青少年在校外经常参加的体育锻炼项目是体育游戏、长跑和篮球。20 岁及以上人群经常参加的体育锻炼项目是健身走和跑步等项目。调查表明，中小学生实际参加社会上收费的体育训练的比例，高中生为 9.50%，初中生为 10.54%，小学生为 24.50%。实际参加的前三位项目：高中生为游泳（50.00%）、网球（27.22%）、篮球（25.56%），初中生为游泳（26.01%）、篮球（19.73%）、田径（13.45%），小学生为游泳（34.27%）、篮球（29.74%）、乒乓球（14.87%）。基本可以认为，青少年阶段学生可能进行的体育消费项目，还是集中在足球、篮球、游泳、羽毛球等传统项目上。总之，我国社会体育的需求，还是以基本健身需求为主。现有的体育类民办非企业单位的发展及其业务能力，也基本上在提高群众健身水平这一层级上。我国的体育人口的年龄结构呈马鞍形分布，拥有最旺盛的社会体育需求的是青少年和老年人群体。在城乡之间，由于城乡经济发展水平以及体育社会组织水平的差距，城市社区居民的体育需求是发展重点。

（三）以运动项目进行公益认定的层级表

传统的对于体育与竞技的认识、全民健身调查显示的项目偏重、体育产业的归类方法，共同为以运动项目进行公益认定、划分层级提供了

客观依据。这种层级划分公益等级的方法，认定客体清晰，认定标准统一，认定过程简单，认定主体可由业务主管部门——体育局独立完成。不同运动项目公益性分层如图 18 所示。

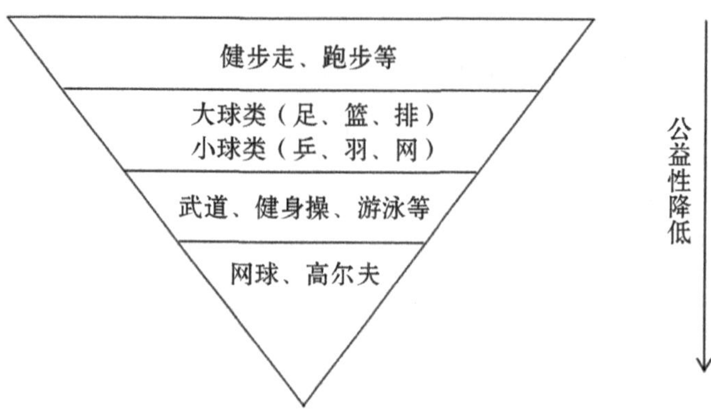

图 18　不同运动项目公益性层级

健步走和跑步是民众选择最多的健身项目。从事这类体育项目的社会组织以互益性社团为主。从事此类运动项目运作活动的社会组织公益性最高。足球、篮球、排球等大球类项目，具有广泛的趣缘基础，群众喜闻乐见；乒乓球、羽毛球是我国的竞技优势项目，锻炼的人群数量巨大；门球运动量低，趣味性较强，是老年人常采用的运动项目。从事以上几类运动项目的体育类民办非企业单位，公益性也较强。武术、跆拳道、健身健美操、游泳、滑冰等，需要一定的技术（是否介入外部指导，运动表现差异巨大）与场地设施，这类体育类民办非企业单位公益性较弱。同时，从事此类项目的体育类民办非企业单位开始与商业体育俱乐部的业务出现重合。网球、高尔夫球等，从项目特点来看，属私人产品，需占据大量社会资源。从目前的社会认知来看，从事属于符号消费的体育项目的体育组织几乎无公益性。

四、以提供体育服务的定价进行分类

（一）市场领域定价策略对体育类民办非企业单位的普适性

体育类民办非企业单位是社会公益组织，这是从其价值取向进行的界定。从组织性质上看，它是社会组织。营利性和非营利性的区别之一，便体现在价格上。社会组织同样存在交易的过程。在任何交易活动中，价格机制都是解决生产什么、如何生产和为谁生产这三个社会基本经济问题的基础。只是由于交易的性质和内容不同，营利性交易活动与非营利性交易活动分别适用不同的交易制度，并进而实行不同的价格机制①。社会组织提供的“产品”，主要有教育服务、医疗服务、社会福利服务、科研技术服务、文化娱乐服务等各种公共性或公益性服务。虽然多数服务可以物化，附着在物质载体上，如各种设施、设备、印刷介质、音像制品或电子介质等。但就其实质内容来说，这些服务都是无形产品。无形产品是指没有外在的实体形态，不是以物的方式表现，而是体现为诸如身体、健康、生命安全、精神活动的自由与完整、个人尊严的享有及社会评价的公正获得等，属于一种无形的利益。体育类民办非企业单位所提供的这种无形产品，它的价格形成过程不同于有形产品，

① 丁美东．非营利组织及其价格机制研究［D］．南昌：江西财经大学，2003.

其交易过程与消费过程统一，且不存在生产、消费的异地问题。

定价策略，市场营销组合中一个十分关键的组成部分。价格通常是影响交易成败的重要因素，同时又是市场营销组合中最难以确定的因素。企业定价的目标是促进销售，获取利润。这要求企业既要考虑成本的补偿，又要考虑消费者对价格的接受能力，从而使定价策略具有买卖双方双向决策的特征①。同样作为产品、同样有买卖行为、同样有消费，也是需求、购买动机、购买力一体化的一个过程，因此，体育类民办非企业单位服务的定价过程应遵循市场领域的定价策略，体育类民办非企业单位公益性的体现，不在于提供的服务是否贴有价格标签，而是在与市场价格的差别中，体现出公益性。常用的定价法有成本导向、需求导向和价值导向等，如根据消费者对产品或服务价值认知确定价格。体育类民办非企业单位的价值取向的公益目标的达成不是活动利润，因此，体育类民办非企业单位服务的定价大多采取成本导向法。成本导向的边际成本定价法也提示组织尽可能地扩大规模，降低单次服务的成本。

（二）体育类民办非企业单位的成本构成

体育类民办非企业单位的宗旨实际上通过组织开办的目的对组织的性质做了进一步界定，它充分体现了体育类民办非企业单位服务社会的公益属性。体育类民办非企业单位向社会提供服务或产品，民众对体育产品和体育服务的占有和使用就构成了消费。有学者将体育消费划分为

① 顾巧论，高铁杠，石连栓．基于博弈论的逆向供应链定价策略分析［J］．系统工程理论与实践，2005，25（3）：20－25.

观赏型体育消费及参与型体育消费[1]，或者按照花销多少进行消费分层。从这种分层可以看出，除了类似高尔夫球这样的社会精英阶层参与的贵族运动以外，白领阶层参与的健身房体育消费和普通民众参与的广场体育消费等均可理解为公益活动，那么，提供这类活动服务的体育类民办非企业单位自然也是公益性体育类民办非企业单位。

体育类民办非企业单位向社会提供体育服务及产品的价值决定了其价格。这本身也是一种买卖交易或提供服务——消费的过程，必然遵循市场规律。体育服务及产品中包含着体育类民办非企业单位工作人员的资金成本、技术成本、劳动成本、管理成本等。这些共同决定了体育服务及产品的价格。在体育福利时代，这种成本无非是由政府买单。现在，民众免费享有的政府购买体育类民办非企业单位的体育公共服务，成本也是由政府负担。不能因为民众在享有体育福利或体育服务的过程中没有具体购买行为，而认为这种公益性体育服务是无成本或低成本的。

体育服务行业还包含着服务提供者与服务接受者的情绪互动，这种情绪互动很大程度影响着服务的效果和服务接受者对服务质量的评价。服务过程中的情绪付出，实际是脑力劳动、体力劳动之外的第三种劳动。情绪劳动的概念最早由美国社会学家霍克希尔德（Hochschild）正式提出。情绪劳动是个体通过对自身情绪的管理创造出一种公众能够觉察的面部和身体表现[2]。社会组织也需要情绪劳动，服务与情绪劳动具

① 林建君，从湖平．我国体育消费研究综述［J］．体育与科学，2001（2）：18－22.

② HOCHSCHILD A R. The Managed Heart：Commercialization of Human Feeling［M］．Berkeley：University of California Press，1983.

有天然的调和性。体育类民办非企业单位提供体育服务的过程发生在社会领域而非政府或市场领域。这种社会领域的劳动过程具有很强的溢出性，在整个社会层面具有乘数效应的连锁反应。同时，体育类民办非企业单位的社会组织性质决定组织的志愿性，因此，不同于传统意义上情绪劳动所具有的经济交换价值属性，社会组织的情绪劳动能够给社会组织带来较好的顾客服务绩效和评价，具有非营利的志愿性特征，也有较强的生产性①。

交易成本过大，是由于体育类民办非企业单位组织的规模过小，外部制度成本过高，需要有更合适的制度安排。公益组织的价格形成模型如图 19 所示。

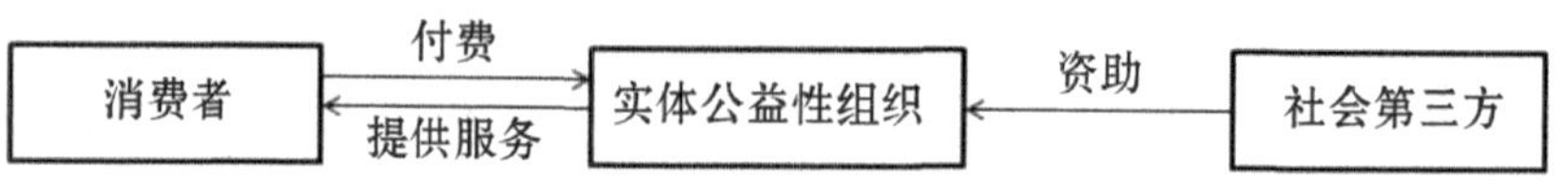

图 19　公益组织的价格形成模型

（三）体育类民办非企业单位定价的标准

在承认体育类民办非企业单位提供的体育服务具有成本这个前提之后，服务的定价标准、定价取向就成为重要的问题。定价既要遵循市场规则，考虑成本、消费者可接受价格区间及交易频率或流通速度，也要基于非营利性与组织公益性、活动公益性，考虑与同类或近似同类服务及产品的市场价格参照。本研究认为，任何低于市场价的体育产品与体

① GRANDEY A A. Emotion Regulation the Workplace：A New Way to Conceptualize Emotional Labor［J］. Journal of Occupational Health Psychology，2000，5（1）：95－110.

育服务提供过程，均为体育公益行为，提供服务的体育类民办非企业单位的公益性属性就是确切的。从这个角度来看，体育类民办非企业单位提供的服务不一定要满足该服务的私人、公共或准公共产品性质，或者贵族运动项目、时尚体育项目、公共空间体育项目。例如，一个体育类民办非企业单位以50元的价格提供高尔夫球体验服务，通过租赁球杆设备等服务民众，亦可认为是公益性的。

可以从以下几个方面考虑体育类民办非企业单位的定价：第一，市场价格（即所在地消费水平）可参照同地区同类商业性体育俱乐部价格；第二，该类体育服务政府有没有提供（直接生产而非购买公共服务）或市场有没有提供。基于社会体育的多元性特征，政府与市场在体育产品及服务的跟进方面，并非具有绝对的敏锐性。

鉴于社会组织产权价值的独特性和复杂性，其价格形成具有不同于其他组织的特点：其产权的无形性要求定价不仅仅依据其成本，而应该根据其受益的大小而定；其产权的准公共性要求价格的确定不仅要根据内部受益，而且要考虑个人外部受益和组织外部受益情况；其产权的不完全性要求考虑第三方的补偿①。另外，基于边际成本考虑，体育类民办非企业单位的服务具有一定的正外部性，行为人实施的行为对他人或公共的环境利益有溢出效应，但其他经济人不必为其带来福利的人支付任何费用，且可以无偿地享受福利。体育类民办非企业单位提供服务及产品的价格及公益层级如图20所示。

① 丁美东．非营利组织及其价格机制研究［D］．南昌：江西财经大学，2003.

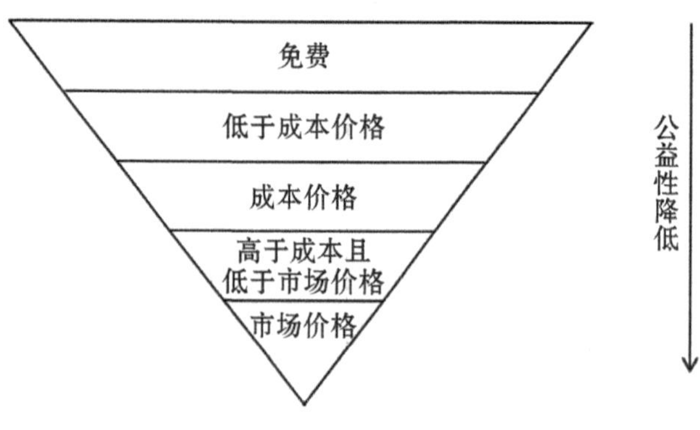

图 20　不同价格公益性层级

以公益达成为导向，参照了市场领域不同项目的定价及体育类民办非企业单位自身成本，结合体育类民办非企业单位与商业体育俱乐部的对比，并考虑某体育服务政府是否提供，制定了不同价格的公益性层级。免费提供体育服务的体育类民办非企业单位的公益性不言而喻；以成本价和低于成本价提供体育服务的体育类民办非企业单位也具有确定的、较高的公益性。略高于成本而远低于市场价格提供体育服务是体育类民办非企业单位得以获取发展资金、保障运行之根本要求，这样的体育类民办非企业单位也是具有公益性的。若某体育服务政府没有提供，那么以远高于成本略低于市场价格提供体育服务的体育类民办非企业单位，也是具备一定公益性的。以市场价格提供体育服务，则成为体育类民办非企业单位无关宗旨的业务活动（可以认为是以盈利为目的），这便进入私人产品领域，不具有公益性，也不能享有任何税收优惠。通过对不同价格公益等级的区分，可以描述出体育类民办非企业单位价格与公益性之间的关系。图 21 揭示了三个方面的信息：体育类民办非企业单位服务价格与公益性之间呈负相关关系；市场价格的左侧，均体现为公益性，越靠近左侧，公益性越强，最终体现为慈善（免费）；体育类民办非企业单位最适合定位于“共益”至“社会企业”两点之间。左侧的基本公共服务（如全民健身路径等）和互益性体育活动可由政府或体育社团提供，体育类民办非企业单位在此区域会由于反馈（资金）不足，使得运作困难。右侧社会企业或完全的市场领域也不适合体育类民办非企业单位进入。高端体育消费有很高的门槛及技术性管理等工作，体育类民办非企业单位的发展尚未达到此水平。体育类民办非企业单位不进入此领域，既可避免不正当竞争，又可避免社会组织的目标替代风险。

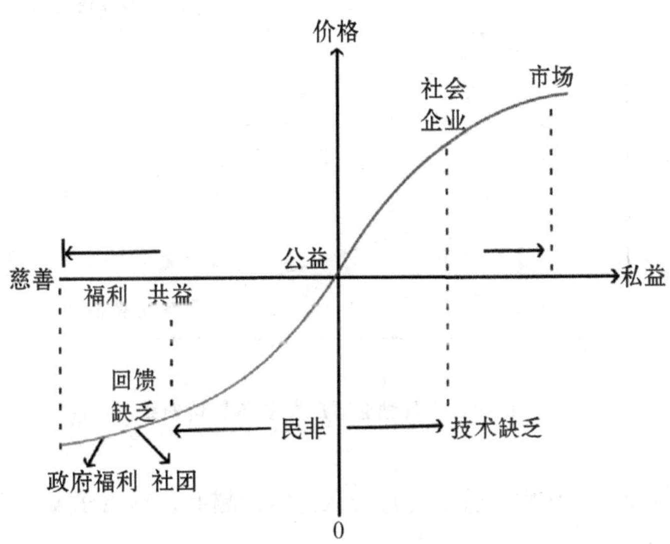

图 21　体育类民办非企业单位价格与公益性之间的关系

（四）避免价格参照系的偏差

波德里亚在《消费社会》中指出：当把商品视为表达意义和信息的符号来操纵和使用，它就属于“符号消费”①。体育产品消费的符号价值包含着象征意义，进入高档体育健身中心进行锻炼，在某种程度上代表了社会身份、社会地位、生活方式、生活品位和社会认同。“凡勃伦效应”② 认为，商品价格定得越高，越能受到消费者的青睐，如图 22 所示。

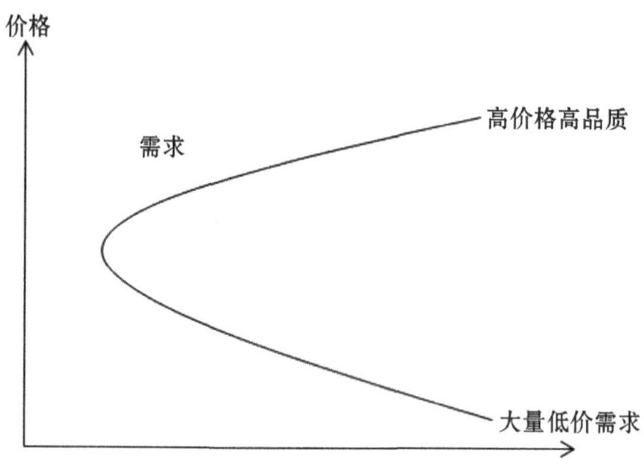

图22　“凡勃仑效应”需求售价曲线

在企业的运作中，管理者常会认为定价越低，越能够吸引体育消费者，却忽略了价格也是标示服务及产品品质的一种方式。过低的定价，

① 石涛．“符号消费”与人民币投票［J］．新周刊，2005（5）：1.

② 魏建．理性选择理论与法经济学的发展［J］．中国社会科学，2002（1）：101－113.

有时反而会影响自身的社会定位。但另外一个极端是，体育产品或服务异化为某些高端消费者的身份象征，成为典型的符号消费。体育生活化、生活休闲化使体育逐步成为一种风尚与潮流。参与者有时会强调体育装备、体育参与环境、体育消费层次等，而忽视了最根本的身体体验，或由身体引发的精神体验，过分追求物质化体验。这可能导致体育产品服务价格的偏离，并最终背离体育类民办非企业单位存在的公益宗旨，也失去了存在的意义。

参考文献

著作类

[1]景朝阳. 民办非企业单位导论[M]. 北京:中国社会出版社,2011.

[2]刘国永,杨桦. 中国群众体育发展报告(2014)[M]. 北京:社会科学文献出版社,2014.

[3]国家发展和改革委员会发展规划司. 国家及各地区国民经济和社会发展十一五规划纲要(上下)[M]. 北京:中国市场出版社,2006.

[4]国家发展和改革委员会. 国家及各地区国民经济和社会发展"十二五"规划纲要(上中下)[M]. 北京:人民出版社,2011.

[5]弗斯顿伯格. 非营利机构的生财之道[M]. 朱进宁,等,译. 北京:科学出版社,1991.

[6]王名,刘培峰,等. 民间组织通论[M]. 北京:时事出版社,2004.

[7]中国社会科学院语言研究所词典编辑室. 现代汉语词典[M].6 版. 北京:商务印书馆,2013.

[8]卢现祥. 西方新制度经济学[M]. 北京:中国发展出版社,2003.

[9]FRUMKIN P. On Being Nonprofit[M]. Gambridge:Harvard University Press,2002.

[10]马克思恩格斯全集(第三卷)[M]. 中共中央马克思、恩格斯列宁斯大林著作编译局,编译. 北京:人民出版社,2002.

[11] LEE M. A history of physical education and sports in the U. S. A [M]. Hoboken:Wiley,1983.

[12]SMITH D H. Grassroots Associations [M]. Thousand Oaks, CA:Sage Publications,2000.

[13]傅砚农. 新中国体育指导思想研究[M]. 北京:人民出版社,2012.

[14]里贾纳·E. 赫兹琳杰,等. 非营利组织管理[M]. 北京:中国人民大学出版社,2001.

[15]徐家良,廖鸿. 社会组织蓝皮书:中国社会组织评估发展报告(2013)[M]. 北京:社会科学文献出版社,2013.

[16]俞可平. 论国家治理现代化[M]. 北京:社会科学文献出版社,2014.

[17]张良. 我国社会组织转型发展的地方经验[M]. 北京:中国人事出版社,2014.

[18]金锦萍,刘培峰. 转型社会中的民办非企业单位[M]. 北京:社会科学文献出版社,2012.

[19]赵泳. 民办非企业单位问题研究[M]. 北京:中国社会出版社,2004.

[20]戴健. 中国公共体育服务发展报告(2013)[M]. 北京:社会科学文献出版社,2013.

[21]赵立波. 事业单位社会化与民间组织发展研究[M]. 济南:山东人民出版社,2010.

[22]李培林. 社会改革与社会治理[M]. 北京:社会科学文献出版社,2014.

[23]陈金罗,金锦萍,刘培峰,等. 中国非营利组织法专家建议稿[M]. 北京:社会科学文献出版社,2013.

[24]中国社会组织改革发展政策选编(2014)编写组. 中国社会组织改革发展

政策选编[M]. 北京:中国社会出版社,2014.

[25]戈凳・怀特. 公民社会、民主化和发展:廓清分析的范围,公民社会与第三部门[M]. 何增科,译. 北京:社会科学文献出版社,2000.

[26]杰里米・里夫金. 工作的终结:后市场时代的来临[M]. 王寅通,等译. 上海:上海译文出版社,1998.

[27] SALAMON,L M. Partners in public service:Government – nonprofit relations in the modern welfare state[M]. Baltimore:Johns Hopkins University Press.

[28]小野清子. スポ－ツ白書－スポ－ツの新たな価値の発見[M]. 東京都:SSF 笹川体育財団,2006.

[29] HOCHSCHILD A R. The Managed Heart:Commercialization of Human Feeling [M]. Berkeley:University of California Press,1983.

期刊论文

[1]彭华民,黄叶青. 福利多元主义:福利提供从国家到多元部门的转型[J]. 南开学报(哲学社会科学版),2006(6):40－48.

[2]赵青航. 论可税性与民办非企业单位的税收优惠[J]. 社团管理研究,2012(10):44－47.

[3]邓国胜. 政府与 NGO 的关系:改革的方向与路径[J]. 中国行政管理,2010(4):32－35.

[4]谢海定. 中国民间组织的合法性困境[J]. 法学研究,2004(2):17－34.

[5]马凯. 关于国务院机构改革和职能转变方案的说明:2013 年 3 月 10 日在第十二届全国人民代表大会第一次会议上[J]. 中国机构改革与管理,2013(4):10－15.

[6]刘志光,王素莉. 从“群众社会”走向“公民社会”[J]. 政治学研究,1988(5):1－5.

[7]俞可平. 中国公民社会:概念、分类与制度环境[J]. 中国社会科学,2006

(1):109 - 122,207 - 208.

[8]俞可平. 全球治理引论[J]. 马克思主义与现实,2002(1):20 - 32.

[9]何增科. 公民社会与第三部门研究引论[J]. 马克思主义与现实,2000(1):27 - 32.

[10]俞可平,王颖. 公民社会的兴起与政府善治[J]. 中国改革,2001(6):40 - 41.

[11]贾西津. 中国公民社会发育的三条路径[J]. 中国行政管理,2003(3):22 - 23.

[12]朱健刚. 草根 NGO 与中国公民社会的成长[J]. 开放时代,2004(6):36 - 47.

[13]汪流,王凯珍. 我国体育类民办非企业单位发展研究[J]. 北京体育大学学报,2010(8):23 - 26.

[14]王名. 走向公民社会:我国社会组织发展的历史及趋势[J]. 吉林大学社会科学学报,2009,49(3):5 - 12,159.

[15]何增科. 中国公民社会组织发展的制度性障碍分析[J]. 中共宁波市委党校学报,2006(6):23 - 30.

[16]朱国云. 科层制与中国社会组织管理模式[J]. 管理世界,1999(5):207 - 208.

[17]周红云. 中国社会组织管理体制改革:基于治理与善治的视角[J]. 马克思主义与现实,2010(5):113 - 121.

[18]王名,孙伟林. 社会组织管理体制:内在逻辑与发展趋势[J]. 中国行政管理,2011(7):16 - 19.

[19]田凯. 西方非营利组织理论述评[J]. 中国行政管理,2003(6):59 - 64.

[20]黄旭,程林林. 非营利体育组织研究述评[J]. 体育与科学,2011(5):1 - 5.

[21]邓国胜. 中国民办非企业单位的特质与价值分析[J]. 中国软科学,2006

(9):18－28.

[22]王名．非营利组织的社会功能及其分类[J]．学术月刊,2006(9):8－11.

[23]刘太刚．需求溢出理论下非营利组织的社会角色及政策优惠[J]．天津行政学院学报,2011(4):54－59.

[24]赵孟营．组织合法性:在组织理性与事实的社会组织之间[J]．北京师范大学学报(社会科学版),2005(2):119－125.

[25]马长山．社会资本、民间社会组织与法治秩序[J]．环球法律评论,2004(3):263－272.

[26]杨道波,王旭芳．公益性社会组织的法律定位思考[J]．理论探索,2009(3):127－130,138.

[27]金锦萍．寻求特权还是平等:非营利组织财产权利的法律保障:兼论"公益产权"概念的意义和局限性[J]．中国非营利评论,2008(1):1－15.

[28]葛云松．中国的财团法人制度展望[J]．北大法律评论,2002(0):173－191.

[29]王名,乐园．中国民间组织参与公共服务购买的模式分析[J]．中共浙江省委党校学报,2008(4):5－13.

[30]唐铁汉．强化政府公共服务职能,努力建设公共服务型政府[J]．中国行政管理,2004(7):9－15.

[31]黄亚玲．中国体育社团的发展:历史进程、使命与改革[J]．北京体育大学学报,2004(2):155－157.

[32]李晴慧,郭郁文．体育社团与体育体制改革[J]．体育学刊,2002(3):138－140.

[33]肖林鹏,李宗浩,杨晓晨,等．论我国公共体育服务的供给困境[J]．山东体育学院学报,2008(8):1－4.

[34]邓国胜．民办非企业单位与中国社会事业的发展[J]．学会,2005(12):

15 - 21.

[35]赵立波. 我国民办非企业单位非营利性问题研究[J]. 上海行政学院学报, 2009(6):92 - 99.

[36]金国坤. 论政府对社会组织管理的机制创新:“民办非企业单位”引发的行政法思考[J]. 法学论坛,2010(6):10 - 17.

[37]税兵. 民办非企业单位制度质疑[J]. 河北法学,2008(10):96 - 99.

[38]赵泳,刘宁宁. 全国民办非企业单位数量分析[J]. 中国民政,2003(4):30.

[39]郭小刚. 民办非企业单位财产问题研讨会综述[J]. 社团管理研究,2010(6):34 - 36.

[40]巩丽霞. 民办高校法人属性研究:基于“民办非企业单位”法人登记的分析[J]. 教育发展研究,2010(18):11 - 15.

[41]赵青航. 现状与规制:民办非企业单位的非营利性研究——以民办养老机构为考察对象[J]. 社团管理研究,2011(4):49 - 52.

[42]汪流,王凯珍. 体育类民办非企业单位发展:京、沪、青岛三地的比较[J]. 北京体育大学学报,2011(1):24 - 28.

[43]王淑英,刘春燕. 影响青少年体育俱乐部发展的若干问题探讨[J]. 少年体育训练,2005(4):7 - 8.

[44]赖齐花,张荣贤,刘莎. 体育类民办非企业单位管理体制研究[J]. 体育文化导刊,2011(4):13 - 15.

[45]孙璐. 体育社会组织培育初探:以体育类民办非企业单位为例[C]//第五届中国体育博士高层论坛论文集,2014:2.

[46]许宁. 体育类民办非企业单位法律地位及发展困境探析[C]//中国体育科学学会. 第五届中国体育博士高层论坛论文集,2014:2.

[47]林闽钢. 福利多元主义的兴起及其政策实践[J]. 社会,2002(7):36 - 37.

[48]张五常. 交易费用的范式[J]. 社会科学战线,1999(1):1 - 9.

[49]裴立新．激发体育社会组织活力,广泛开展青少年体育活动(一)[J]．青少年体育,2014(1):7-10.

[50]孙立平．总体性社会研究:对改革前中国社会结构的概要分析[J]．中国社会科学季刊,1993(1):16-26.

[51]黄如军．从计划经济到社会主义市场经济:我国经济体制改革目标模式的确立[J]．中共党史研究,1999(2):38-44.

[52]王学敏．社会主义市场经济与反腐败斗争[J]．教学与研究,1994(1):55-58.

[53]赵子江．国有企业职工体育体制与运行机制的研究:社团的承托功能与社会体育资源的整合对策[J]．体育文化导刊,2006(1):10-12.

[54]于善旭．《中华人民共和国体育法》修改思路的探讨[J]．体育科学,2006,26(8):71-74.

[55]刘忠祥．民间组织“双重负责”管理体制剖析[J]．中国民政,2006(11):41-43.

[56]林莉红．民间组织合法性问题的法律学解析:以民间法律援助组织为视角[J]．中国法学,2006(1):37-46.

[57]童潇．直接注册时期社会组织管理模式创新:社会组织管理体制改革面临的新问题及应对[J]．探索,2013(5):144-149.

[58]骆雷,吕笑蓉,李益群．我国青少年体育俱乐部的发展现状研究[J]．中国体育科技,2006,42(3):40-43.

[59]应松年．社会管理创新引论[J]．法学论坛,2010,25(6):5-9.

[60]杨年松．体育产业化不等于体育市场化[J]．福建体育科技,2000,19(5):1-3.

[61]李培林,徐崇温,李林．当代西方社会的非营利组织:美国、加拿大非营利组织考察报告[J]．河北学刊,2006(2):71-80.

[62] SALAMON L M, et al. Partners in Public Service: Government and the Nonprofit Sector in the American Welfare State[J]. Government, 1987: 35.

[63] SCHMITTER P C. Still the Century of Corporatism? [J]. Review of Politics, 1973, 36(1): 85 - 131.

[64]李先知,金兼斌. 集体化共同圈:社交媒体的网络生态格局[J]. 现代传播(中国传媒大学学报),2013,35(12):149 - 150.

[65]黎光寿. 让中国充满志愿精神:专访北京大学志愿者研究中心主任丁元竹[J]. 市民,2006(4):54 - 56.

[66]王名,金锦萍,黄浩明,等. 社会组织三大条例如何修改[J]. 中国非营利评论,2013(2):2 - 27.

[67]秦小平,陈云龙,王健,等. 我国社会体育组织发展路径:基于政府购买体育公共服务的视角[J]. 上海体育学院学报,2014(5):1 - 4.

[68]王小民. 非政府组织与可持续发展[J]. 理论月刊,2008(10):81 - 83.

[69]白文菊. 如何提升媒体公信力[J]. 群文天地,2015(5):114 - 115.

[70]许宁. 体育类民办非企业单位法律地位及发展困境探析[J]. 浙江体育科学,2014(5):7 - 9,15.

[71]尚力沛. 我国第六次与第五次体育场地普查结果的比较分析[J]. 吉林体育学院学报,2015,31(5):45 - 49.

[72]易剑东. 中国体育公共服务研究[J]. 体育学刊,2012(2):1 - 10.

[73]道格拉斯·诺斯,路平,何玮. 新制度经济学及其发展[J]. 经济社会体制比较,2002(5):5 - 10.

[74]王晓芳,张瑞林,王先亮. 中外体育非营利组织税收优惠比较研究[J]. 成都体育学院学报,2014(2):21 - 25,32.

[75]李培林. 我国社会组织体制的改革和未来[J]. 社会,2013(3):1 - 10.

[76]周国平.《悲剧的诞生》:尼采哲学的诞生[J]. 云南大学学报(社会科学

版),2005(1):38 - 44.

[77]崔文良. 酒神精神与尼采哲学[J]. 吉林大学社会科学学报,1991(6):85 - 90.

[78]杨光富. 重温洛克:绅士教育的倡导者[J]. 上海教育,2006(3B):42 - 44.

[79]冯玉军. 权力、权利和利益的博弈:我国当前城市房屋拆迁问题的法律与经济分析[J]. 中国法学,2007(4):39 - 59.

[80]龚正伟,肖焕禹,盖洋. 美国体育政策的演进[J]. 上海体育学院学报,2014,38(1):18 - 24.

[81]徐正,邓国胜. 美国非营利组织的规模与结构[J]. 学会,2011(3):3 - 6,16.

[82] CHIOU J,LI P. Functional clustering and identifying substructures of longitudinal data[J]. Journal of Royal Statistical Society,2007,69(4):679 - 699.

[83]董伦红. 数据包络分析(DEA)方法在体育评价中的应用[J]. 西安体育学院学报,2004,21(2).

[84]涂荣娟. 论日本人的集团意识与日本社会现代化[J]. 西华师范大学学报(哲学社会科学版),2004(4):49 - 52.

[85]孙丽斌. 日本 NPO 社会体育组织的构建[J]. 体育世界(学术版),2009(9):77 - 79.

[86]李冰,周爱光. 二战后日本青少年课外体育活动的政策及启示[J]. 体育与科学,2012,33(6):106 - 112.

[87]李明,秦小平. 日本大众体育管理体制及社区体育的运行模式和特点研究[J]. 浙江体育科学,2009,31(5):12 - 14.

[88]于文谦,韩伟,王乐. 日本综合性社区体育俱乐部的发展[J]. 体育学刊,2007,14(7):43 - 45.

[89]王书亭. 借鉴日、韩大众体育经验促进我国大众体育发展[J]. 承德石油高

等专科学校学报,2005,7(1):50－53.

[90]张明刚. 国际大众体育发展经验对我国社会体育发展策略的可借鉴性[J]. 体育科研,2009(3):3.

[91]周江洪. 日本非营利法人制度改革及其对我国的启示[J]. 浙江学刊,2008(6):142－147.

[92]王善迈. 民办教育分类管理探讨[J]. 教育研究,2011(12):32－36.

[93]甘做中国健美健身事业的铺路石:记山东黑骏马健身发展有限公司董事长车俊儒[J]. 新世纪领导者,2010(4):44－45.

[94]倪斐. 公共利益法律化:理论、路径与制度完善[J]. 法律科学(西北政法大学学报),2009(6):38－50.

[95]赵莉,严中华. 国外社会企业理论研究综述[J]. 理论月刊,2009(6):154－157.

[96]田麦久,麻雪田,黄新河,等. 项群训练理论及其应用[J]. 体育科学,1990(6):29－35,94.

[97]顾巧论,高铁杠,石连栓. 基于博弈论的逆向供应链定价策略分析[J]. 系统工程理论与实践,2005,25(3):20－25.

[98]林建君,从湖平. 我国体育消费研究综述[J]. 体育与科学,2001(2):18－22.

[99] GRANDEY, ALICIA A. Emotion Regulation in the Workplace: A New Way to Conceptualize Emotional Labor [J]. Journal of Occupational Health Psychology, 2000, 5(1):95－110.

[100]石涛."符号消费"与人民币投票[J]. 新周刊,2005(5):1.

[101]魏建. 理性选择理论与法经济学的发展[J]. 中国社会科学,2002(1):101－113.

学位论文

[1]黄亚玲．论中国体育社团:国家与社会关系转变下的体育社团改革[D]．北京:北京体育大学,2003.

[2]伏威．政府与公益性社会组织合作供给城市养老服务研究[D]．长春:吉林大学,2014.

[3]傅金鹏．我国公益性社会组织提供公共服务的问责逻辑[D]．上海:复旦大学,2012.

[4]马继东．民办非企业单位内部治理结构问题探讨[D]．上海:上海交通大学,2007.

[5]马书伟．北京市体育类民办非企业单位评估指标体系的研究[D]．北京:首都体育学院,2011.

[6]汪倩．上海市体育类民办非企业单位评估指标体系的研究:基于公益性及可持续发展性视角[D]．上海:华东理工大学,2013.

[7]王琴．NGO与中国社会福利构建研究[D]．武汉:武汉大学,2011.

[8]舒博．社会企业的崛起及在中国的发展[D]．天津:南开大学,2010.

[9]王向南．中国非营利组织发展的制度设计研究[D]．长春:东北师范大学,2014.

[10]孟文娣．中国群众体育公共服务市场机制引入方式的研究[D]．北京:北京体育大学,2008.

[11]张晓琳．中美竞技体育管理体制与运行机制的比较研究[D]．北京:北京体育大学,2011.

[12]齐红．单位体制下的民办非营利法人[D]．北京:中国政法大学,2003.

[13]李舸．体育产业化研究[D]．成都:西南财经大学,2005.

[14]田丽．非营利组织资金运营管理研究[D]．大连:东北财经大学,2012.

[15]张晶晶．河北省业余排球俱乐部的现状调查及发展对策研究[D]．石家

庄:河北师范大学,2011.

[16]齐红. 单位体制下的民办非营利法人[D]. 北京:中国政法大学,2003.

[17]车峰. 我国公共服务领域政府与 NGO 合作机制研究[D]. 北京:中央民族大学,2012.

[18]杨斌. 中日两国大众体育发展的比较研究[D]. 重庆:西南师范大学,2005.

[19]丁美东. 非营利组织及其价格机制研究[D]. 南昌:江西财经大学,2003.

[20]曹磊. 我国社区体育俱乐部发展的主要影响因素与发展阶段研究[D]. 福州:福建师范大学,2006.

电子资源

[1]民政部. 2014 年社会服务发展统计公报[EB/OL]. (2015 - 06 - 08)[2016 - 11 - 10]. http://www. mca. gov. cn/article/sj/tjgb/201506/201506008324399. shtml.

[2]中国新闻网. 民政部:四类社会组织直接登记 不必要审批将取消[EB/OL]. (2013 - 12 - 05)[2016 - 11 - 10]. http://www. chinanews. com/gn/2013/12 - 05/5583640. shtml.

[3]人民网. 民政部:已有 27 省区市开展或试行社会组织直接登记[EB/OL]. (2014 - 09 - 24)[2016 - 11 - 10]. http://politics. people. com. cn/ywkx/n/2014/0924/c363762 - 25725297. html.

[4]民政部. 民政部发布 2014 年社会服务发展统计公报[EB/OL]. (2015 05 06)[2016 - 11 - 10]. http://www. mca. gov. cn/article/zwgk/mzyw/201506/201506008 32371. shtml.

[5]《2014 年全民健身活动状况调查公报》发布[EB/OL]. (2015 - 11 - 16)[2016 - 11 - 10]. http://sports. people. com. cn/n/2015/1116/c22176 - 27821757. html.

[6]国家体育总局办公厅关于资助命名 2014 年国家级青少年体育俱乐部的通知[EB/OL]. (2014 - 01 - 15)[2016 - 11 - 10]. http://www. sport. gov. cn/n16/n33193/n33208/n1581724/n211 3349/501077 3. html.

[7]财新网．王振耀:非营利组织该不该“限薪”？[EB/OL].(2014－02－21)[2016－11－10]. http://opinion. caixin. com/2014－02－21/100641810. html.

[8]新浪公益．益调查:取消公益基金会工资水平限制合理吗[EB/OL].(2015－03－05)[2016－11－16]. http://gongyi. sina. com. cn/gyzx/2015－03－05/160451876. html.

[9]财政部、国家税务总局关于非营利组织企业所得税免税收入问题的通知[EB/OL].(2009－11－19)[2016－11－16]. http://www. mof. gov. cn/pub/shuizhengsi/zhengwuxinxi/zhengcefabu/200911 /t20091119_233702. html.

[10]人民网．体育社会组织初步发展,破解全民健身三个问号[EB/OL].(2015－05－08)[2016－11－16]. http://sports. qq. com/a/20150508/031387. htm.

[11]中央政府门户网站．2014 年财政收支情况[EB/OL].(2015－01－30)[2016－11－12]. http://www. gov. cn/xinwen/2015－01/30/content_2812441. htm.

[12]南方教育时报．明确允许营利性民办学校存在[EB/OL].(2015－08－28)[2016－11－16]. http://szjy. sznews. com/html/2015－08/28/content_3322686. htm.

[13] 熊晓正．学校体育之误,误把体质当目的[EB/OL].(2015－11－23)[2016－11－16]. http://mt. sohu. com/20151123/n427647847. shtml.

[14] 南方周末．美国为何慈善兴盛[EB/OL].[2016－11－16]. http://www. infzm. com/content/50639.